TE AMARÁS SOBRE TODAS LAS COSAS

SONIA RICO

TE AMARÁS SOBRE TODAS LAS COSAS

DESCUBRE LOS DIEZ MANDAMIENTOS DE LA FELICIDAD

terapiasverdes

Argentina – Chile – Colombia – España
Estados Unidos – México – Perú – Uruguay

1.ª edición Noviembre 2021

Plaza de los Reyes Magos, 8, piso 1.º C y D – 28007 Madrid
www.terapiasverdes.com
www.edicionesurano.com

ISBN: 978-84-16972-90-6
E-ISBN: 978-84-18480-76-8
Depósito legal: B-13.734-2021

Fotocomposición: Ediciones Urano, S.A.U.

Impreso por: Romanyà Valls, S.A. – Verdaguer, 1
08786 Capellades (Barcelona)

Impreso en España – *Printed in Spain*

Para Leo, para que siempre se ame sobre todas las cosas.

Nota de la autora

En algunos capítulos encontrarás meditaciones guiadas originales que puedes escuchar en audio, escaneando el siguiente código QR. La música de estas meditaciones es original y ha sido creada por René Creus.

www.soniarico.net

Índice

DESMÁNDATE

Prólogo de Francesc Miralles

Conocí a la autora de este libro en una cena cerca de Barcelona en compañía de un novelista amigo. Charlando con ella supe que, además de periodista, era *coach* e instructora de yoga. También descubrí que estaba escribiendo un libro que originalmente se llamaba como el título de este prólogo.

El concepto enseguida me llamó la atención: reformular los 10 mandamientos en clave de crecimiento personal, con la autoestima como hilo conductor. Esto me hizo pensar en la educación religiosa obligatoria que recibí en un colegio donde había 42 chicos en cada clase luchando por sobrevivir.

Un día por semana nos llevaban a misa y en la asignatura de religión teníamos que memorizar el catecismo y, por supuesto, también los 10 mandamientos. Extraña manera de acceder a la espiritualidad, motivo por el cual la mayor parte de aquellos chicos acabaron siendo ateos.

Leer la reinterpretación de cada mandamiento por parte de Sonia Rico me pareció inspirador, así como el desarrollo que ha realizado de cada capítulo, que transforma una orden divina en un mandamiento de la felicidad.

Así, *Amarás a Dios sobre todas las cosas* se convierte en *Te amarás sobre todas las cosas*, lo cual no implica ser alguien descreído o egoísta. Se puede ser creyente y aplicar a la propia vida este primer mandamiento de la felicidad, ya que cualquier amor que entreguemos al mundo (y a Dios por ende) debe empezar por el amor por uno mismo.

Si no te respetas y valoras, si no atiendes tus necesidades, serás una persona con baja autoestima que siente que no tiene nada que entregar. ¿Cómo va a amar a las personas cercanas, o incluso a Dios, quien no conoce el amor por sí mismo?

Al reajustar la ecuación, Sonia Rico ofrece un método para recuperar la autoestima y priorizar lo verdaderamente importante para una vida con sentido.

El resto de mandamientos de la felicidad que estructuran este libro, todos ellos con inspiraciones, ejercicios y consejos prácticos, van en esta misma dirección. La segunda ley nos enseña a cumplir las promesas que nos hacemos a nosotros mismos, y la tercera a hacer de cada momento una fiesta.

El objetivo de este libro es ayudar al lector a deshacer cualquier mandato interno (no solo los de nuestra instrucción religiosa) que limita nuestra vida o subvierte nuestras prioridades.

Lo mejor de desactivar aquellos mandatos y creencias que no te pertenecen es que, con ello, liberas un espacio y una energía preciosos para vivir tu existencia tal como quieres que sea.

Recuerdo una conversación que tuve, hace unos años, con mi buen amigo Álex Rovira. Hablábamos de los terapeutas que habíamos tenido y los resultados que habíamos extraído de la experiencia.

—Al final —me dijo Álex—, un terapeuta tiene esencialmente dos misiones respecto a su paciente: ayudarle a descubrir su deseo y darle permiso para realizarlo.

Una síntesis brillante de lo que es una sesión ideal, lo cual me lleva a afirmar que el libro que tienes en tus manos es altamente terapéutico. Primeramente, porque a lo largo de estos 10 mandamientos de la felicidad aprenderás a identificar todo lo que no es tuyo y, por eliminación, llegarás a lo que es esencial para ti.

La actitud empoderadora de Sonia Rico cumple con la segunda misión. Este libro está lleno de permisos que invitan al lector a…

- Deshacerse de cualquier idea de segunda mano que no le sirva o no le haga feliz.
- Atreverse a desarrollar su propia vida, no la que otros esperan que haga.
- Seguir sus propias prioridades y pasiones, haciendo de ellas el centro de su vida.
- Ser útil a los demás desde el respeto a uno mismo que le otorga el poder.

Agradezco a la autora un trabajo tan generoso, apasionado y fresco para el desafío que supone vivir según nuestros principios y necesidades. Sin duda va a ayudar a mucha gente.

¡Feliz lectura!

Francesc Miralles

1

TE AMARÁS SOBRE TODAS LAS COSAS

~~AMARÁS A DIOS SOBRE TODAS LAS COSAS~~

«Amarse a uno mismo es el principio
de una historia de amor eterna».

OSCAR WILDE

¿Cómo sería nuestra vida si nos mandaran amarnos a nosotros mismos?

A lo largo de mi experiencia como terapeuta y *coach*, he podido comprobar que nuestra vida está llena de mandatos inconscientes que, muchas veces, toman las riendas de nuestro camino. Puede que creamos que los mandamientos no forman parte de nuestra existencia, sin embargo, los imperativos familiares, culturales, así como las leyendas, cuentos o mitos inciden en nuestro inconsciente individual y colectivo. Por lo tanto, tienen poder sobre nuestra vida.

La buena noticia es que puedes desmandarte y desaprender todo aquello que te resta.

A lo largo de este libro, te acompañaré para que encuentres ese amor hacia ti. Sea mundano o divino, el amor no solo ocupa este primer capítulo, sino que amarte a ti mismo es la piedra filosofal de este libro.

Me agrada creer que antes de que surgiera la humanidad todo era perfecto. La vida era vida. El árbol no cuestionaba ser árbol, ni los animales cuestionaban su esencia. Pero surgió el hombre y con él el lenguaje. Entonces empezó a nombrar las cosas, los acontecimientos, pudo contarlos y... juzgar. Y fue así, al decir «bueno» y «malo», cuando empezó a sentirse ajeno a su propia esencia divina. Olvidó que el universo es infinito y, como tal indivisible, como las olas del mar que pertenecen a un mismo océano. Todos los objetos del cosmos son diferentes formas de una misma energía omnipresente y omnipotente. Podemos llamarla «Dios», «Tao», «Energía», «Brahman» o «Conciencia cósmica». En cualquiera de los casos, tú también eres parte de ese TODO y, aunque no lo creas, estás hecho de la misma fuerza divina.

Te amarás sobre todas las cosas porque no hay nada más importante en este mundo. Aunque parezca mentira, solo podemos brindar a otros aquello de lo que estamos llenos. Se trata de que seas capaz de ver tu grandeza y derribes esos muros que tal vez has construido contra ella. Quizá te pase como a la oruga de la fábula siguiente, que no podía imaginar su posibilidad de ser una bella mariposa.

La oruga que no se creía mariposa

Cuenta la leyenda que, en el estado de Michoacán, México, había nacido una pequeña oruga. Era una larva preciosa, de colores brillantes y bonitos. Vivía en un árbol, entre hojas verdes y algodones. Comía a todas horas y jugaba con sus hermanas orugas sin creer en qué podía convertirse. Y así era su vida, día tras día, hasta que una mañana apareció una bella mariposa y se posó a su lado.

—¡Qué hermosa eres! Me gustaría ser como tú —exclamó, fascinada la oruga.

—¡Ya lo eres, eres como yo! —repuso la mariposa, que, revoloteando muy alegre, se fue.

Pero la oruga se quedó muy triste y pensó:

—Lo ha dicho solo para que me sienta bien. Soy solo un gusano y nunca podré volar.

Olvidado ya este encuentro, continuó devorando el algodón y las hojas que encontraba a su paso, pero al cabo de unos días, al levantar la vista, vio que sus hermanas estaban dormidas enfundadas dentro de un saco que acababan de fabricar.

—¡Eh, salid de ahí! —gritó la oruga, pero nadie le respondió.

Por fortuna, se encontró con otra larva que en aquel momento se metía en su capullo.

—¡Oye! ¿Qué haces? ¿Por qué estáis todas escondidas? —preguntó la oruga.

—Estamos en transformación. ¿Aún no sabes que somos mariposas? —respondió la larva y se despidió antes de meterse en su capullo.

Aunque recordó las palabras de aquella mariposa, la oruga seguía sin creer nada. ¡Ella era un simple gusano y seguiría siéndolo toda su vida! No obstante, de pronto, empezó a encontrarse muy mal. Más allá de la soledad, le dolía el cuerpo y se sintió muy infeliz. Así que, rendida, cayó en un profundo sueño. Durmió y durmió largas horas y días, hasta que una mañana se despertó.

Percibió un gran peso en la espalda e intentó desentumecer su cuerpo. Al hacerlo, notó unas grandes alas y, para su sorpresa, empezó a volar.

Desde las alturas descubrió otra perspectiva del mundo. Podía ver el sol, las nubes y el cielo. Sobrevolaba los grandes campos, repletos de árboles de algodoncillo de los que ella se alimentaba. Miró a su alrededor y vio una gran cantidad de mariposas volando y otras tantas posadas en los árboles. ¡Era un verdadero espectáculo!

Reflexionó acerca de su vivencia como oruga, también de su poca fe y de cómo cambiaba su perspectiva después de su transformación. Ahora sabía de lo que era capaz y de cómo sus alas le daban libertad.

Dicen que nunca más dudó de su verdadera esencia y dedicó su vida a todo aquello que había venido a hacer: ser feliz.

SI SOY UNA MARIPOSA, ¿POR QUÉ ME SIENTO COMO UN GUSANO?

Así también, muchas personas se arrastran por la vida, pensando que no merecen más de lo que tienen y no creen que con un simple cambio de perspectiva podrían elevarse. Rumi dijo: «Tu misión no es buscar el amor, sino descubrir todas las barreras que has creado en tu interior para no verlo». Convertirnos en mariposa se ve como algo lejano, porque desconocemos la posibilidad de transformarnos. Es posible que tú también te sientas como esa oruga del principio del cuento, debido a distintas causas, entre ellas:

1. Nadie nos enseñó a amarnos

¿Cuántas veces nos han dicho que amarse a uno mismo es un acto egoísta?

Esta es una creencia totalmente errónea, puesto que el amor hacia los demás parte de tener lleno ese depósito interno de amor propio. Si no te amas, el amor que brindes al prójimo no será un amor puro, sino que estará basado en la carencia, la manipulación, la exigencia y/o en el chantaje emocional. Además, al no quererte, boicoteas en gran medida tu felicidad, ya que obstaculizas todo aquello que quieres desempeñar a lo largo de la vida. Sin embargo: «En el momento en que experimentes en tu corazón esa cosa extraordinaria denominada "amor" y sientas su profundidad, deleite y éxtasis, descubrirás que el mundo se ha transformado para ti», como decía Krishnamurti.

2. Condicionamos nuestra autoestima a la visión externa

Cuando dejas tu valor en manos de los demás, delegas la responsabilidad de tu propia felicidad. Esa dependencia nos perjudica, ya que nos convierte en mendigos de amor. En ocasiones, intentamos llamar la atención; en otras, intentamos complacer constantemente a otros para obtener su cariño.

3. Vivimos encerrados en el condicional: Cuando..., entonces sí seré feliz

Creemos que... «**cuando** encuentre una pareja, **entonces sí** seré feliz»; **«cuando** pierda peso, **entonces sí** seré feliz»; «**cuando** acabe la carrera, **entonces sí** seré feliz; «**cuando** me compre ese coche, **entonces sí** seré feliz»; «**cuando** tenga un hijo, **entonces sí** seré feliz»...

Sin embargo, en esos casos, una vez pasada la novedad, la felicidad no es permanente. Por lo tanto, la verdadera fórmula es «cuando deje de ponerme condiciones, *entonces sí seré feliz*», ya que la felicidad, al igual que el amor, es incondicional.

4. No nos incluimos en nuestra propia agenda

Las obligaciones nos llevan a vivir por inercia, saltando de una urgencia a la siguiente y olvidamos darnos cita a nosotros mismos. Ese ritmo provoca que no atendamos nuestras verdaderas necesidades. Esa falta de autoescucha tiene mucho que ver con el modo en el que percibimos el mundo, donde haces espacio para todos, menos para ti.

Es importante que te concedas ese tiempo y ese espacio, para tu propio bienestar y crecimiento.

5. No aceptamos nuestras emociones

El hecho de no amarse a uno mismo hace que huyamos de nuestras emociones, salimos corriendo ante lo que no nos gusta sentir, pero, en realidad, todas las emociones tienen un mensaje importante que comunicarnos. Si no las escuchamos y las rehuimos o las rechazamos, impediremos nuestra propia transformación. *Solo puede ser transformado lo que previamente se acepta.*

6. Vivimos ajenos al momento presente

La única forma de disfrutar de cada instante y captar la magia de la vida es vivir en el *ahora.* De lo contrario, simplemente veremos pasar una sucesión de horas y días, viviendo a caballo entre el pasado y el futuro, pasando de puntillas por el único momento que verdaderamente existe: este momento.

7. Nos falta autoconocimiento

Conocerte a ti mismo es la base para vivir una vida en paz y equilibrio. Muchas veces, no entendemos nuestras reacciones, nuestras relaciones personales o incluso nuestra actitud ante la vida. Cuando nos comprendemos, nos volvemos amables con nosotros mismos y evitamos juzgarnos y juzgar, sin culpabilizarnos ni culpar a los demás.

Por consiguiente, esta frase inscrita en el frontispicio del templo de Apolo en Delfos, en el Monte Parnaso, Grecia, acompañada del siguiente texto, encierra en pocas palabras un significado que ha trascendido más allá del tiempo:

«CONÓCETE A TI MISMO»

Te advierto, quien quiera que fueres, ¡oh!, tú que deseas sondear los arcanos de la Naturaleza, que si no hallas dentro de ti mismo aquello que buscas, tampoco podrás hallarlo fuera. Si ignoras las excelencias de tu propia casa, ¿cómo pretendes encontrar otras excelencias? En ti se halla oculto el tesoro de los tesoros. ¡Oh!, hombre, conócete a ti mismo, y conocerás al Universo y a los Dioses.

Platón comenta que Sócrates, en un diálogo con Alcibíades, un joven ignorante que aspira a la política, le recordó que, antes de ser gobernante y mandar sobre el pueblo, su tarea como hombre era gobernarse a él mismo, y no lo conseguiría si antes no se conocía a sí mismo. Por su parte, Alejandro Magno agregó que «Conocerse a uno **mismo** es la tarea más difícil porque pone en juego nuestra racionalidad, y a la vez nuestros miedos y pasiones, pero si uno lo consigue sabrá comprender a los demás y a la realidad que lo rodea».

Y es que si ignoras la belleza que hay en ti, tampoco lograrás verla fuera.

¿Pero qué implica conocerse?

Todos podemos pensar que ya nos conocemos. Vivimos en nosotros desde que llegamos a este mundo. Cada día nos vemos ante el espejo, sabemos lo que nos gusta y lo que no. Asímismo, hemos fabricado muchos planes y recuerdos.

Sin embargo, eso por sí solo, no te deja saber quién eres, porque la autenticidad reside detrás de las resistencias que hemos ido levantando, de las creencias y las corazas. Por lo tanto, necesitamos retirar un sinfín de capas, como si de una muñeca rusa se tratara, para empezar a ver el más grande de los tesoros.

LA MUÑECA RUSA DEL AUTOCONOCIMIENTO

Ana llegó a mi consulta porque se sentía muy infeliz. Había pasado toda su vida saltando de relación en relación. En ese momento, se encontraba inmersa en una relación de pareja, que ella calificaba como «nociva». Era muy consciente de la situación y sabía que esa pareja no le hacía bien, sin embargo, una fuerza mayor la llevaba a permanecer en ese lugar. Me contó que su mayor deseo era el de entrar en el cuerpo de bomberos y estaba preparando unas oposiciones ¡Ese había sido su sueño desde niña y estaba dispuesta a cumplirlo!

No obstante, era capaz de dejarlo todo para dedicarse a complacer a su pareja. Me contaba que había semanas que no asistía a sus entrenamientos porque anteponía las necesidades ajenas. Él era un hombre separado, padre de dos hijos, y siempre que hacía falta, ella se hacía cargo de ellos. Estaba totalmente entregada a la relación, a su disposición, sin embargo, sentía que él no le correspondía. Es más, lo describía como un hombre agresivo, celoso y egoísta. Aun así, ella permanecía a su lado. Deseaba con todas sus fuerzas que él la quisiera.

Al empezar la sesión le puse una muñeca rusa en sus manos para que entendiera que su verdadera esencia permanecía escondida bajo capas y capas de desconocimiento. Las personas solemos identificarnos con una pequeña parte de nosotros mismos, una parte muy reducida de nuestra totalidad: el EGO.

El ego vendría a ser como un *software*, un programa insertado desde el exterior, que responde a los condicionamientos sociales y forma un conglomerado de creencias acerca de lo que somos. El ego no es ni bueno, ni malo, tan solo hay que conocerlo, para poder trascenderlo. En realidad, él se encarga de nuestra supervivencia en la sociedad. Le gusta compararse con las demás personas y sentirse especial. Por eso, tiende a sentirse apartado del TODO. Además, se alimenta de la energía del miedo. Intenta por todos los medios apartarse de las heridas sufridas: el rechazo, el abandono o la humillación. Hará todo lo posible para escapar de eso, fortaleciendo todas aquellas máscaras y roles que le permitan dejar de sentir ese dolor.

Reconocer ese miedo no es cómodo, sin embargo, crece cuando no lo encaras, y Ana lo sabía bien. Por más que lo intentaba, no lograba ser feliz, pero ahora estaba dispuesta a llegar hasta el final. Quería meterse de lleno en él, porque intuía que conocerlo no sería peor que lo que ya había pasado.

Entendió que no se podía aceptar, ni amar, desde el desconocimiento. Así que nos dispusimos a abrir esa matrioska para ir desvelando lo que contenía en su interior.

1. Conoce tu biografía personal

Al abrir la muñeca, nos dispusimos a construir su propia historia personal. Analizamos y reconstruimos su relato biográfico. Le conté que nuestro entorno, padres, maestros, etc., nos educaron de la mejor manera que supieron o pudieron, pero eso no excluía que nuestra infancia estuviera marcada por situaciones que nos dejaron secuelas.

A lo largo de la vida, nos han ido etiquetando según el juicio de los demás. Una mirada que muchas veces nada tiene que ver con nosotros. El problema es que nos hemos creído esas valoraciones y hemos perdido nuestro verdadero punto de vista.

Ana había pasado una infancia solitaria. Se crio con sus abuelos y ejerció de cuidadora de sus hermanas a una edad muy temprana, sin embargo, ella no era consciente de eso. Nadie se lo había explicado desde su verdad. Le contaron que era una niña desobediente y solitaria. Después de indagar, llegamos a la conclusión de que sus padres, provenientes a su vez de duras historias sin sanar, no disponían de energía ni tiempo para estar con sus hijas. Al reparar en **su verdad**, el recuerdo y la coherencia fueron apareciendo como por arte de magia. Pudo ser consciente de su soledad y de todas las necesidades no satisfechas que vivió, y comprendió que esas carencias las había trasladado a su presente.

El primer impulso que tenemos los adultos es excusar a nuestros padres. Es lógico, los queremos por encima de todo y como no deseamos fallarles, dejamos de lado nuestra propia comprensión.

La lógica en la historia de Ana nos lleva a deducir que, en los pocos momentos que estaba con sus padres, reclamaba a voces su atención. Sin embargo, en esos momentos, en lugar de recibir paciencia y cariño, recibía castigos por «ser desobediente y portarse mal».

Mi trabajo consiste en nombrar la verdad desde el punto de vista infantil: Ana no era una niña desobediente. Ni mala. Ni solitaria. Su realidad es que se sentía abandonada. No se sentía atendida como ella necesitaba. Incluso, sus padres, poco conscientes de su propia historia personal, dejaron la crianza de su hija en manos de unos abuelos que, además, habían abusado sexualmente de sus propias hijas.

Contactar con esa parte de nosotros mismos es primordial, ya que es ahí donde se encuentra el detonante que nos lleva a desempeñar un papel u otro en nuestras vidas. Es la cuna de nuestros anhelos, nuestras inseguridades y nuestra falta de amor propio.

2. Entiende el papel que has interpretado para obtener amor

Cuando llegamos a la segunda muñeca encontramos las consecuencias de la historia personal. En la infancia, hemos sufrido en menor o mayor medida diferentes situaciones: historias de abandono, de maltrato o de abuso emocional. Todo eso que vivimos hizo que inconscientemente adoptáramos un papel u otro, como si el de un personaje de una película se tratara. Ser consciente del papel que hemos interpretado, nos permite ser libres para decidir si queremos seguir actuando, o no, de una manera determinada. Conocer los beneficios y los perjuicios que nos aporta ese personaje nos da la libertad de cambiar lo que consideremos necesario.

Ana actuó siendo una servidora fiel. Cumplía con sus obligaciones escolares y extraescolares, se encargaba del cuidado de sus hermanas y mantenía las tareas del hogar. Mientras hacía todo eso, recibía aprobación. De esa manera, aprendió a ser querida mientras servía a los demás. Aprendió a no tener en consideración sus propias necesidades, sus propios sentimientos, aprendió a hacer lo necesario para obtener un poquito de atención.

3. A la caza de nuestras creencias

La tercera muñeca nos desveló sus creencias. Aunque hablaremos de este tema íntegramente en el capítulo 9, las creencias distorsionan la realidad. Son como la estructura de nuestro pensamiento, actúan como si lleváramos unas gafas puestas. Con ellas, vemos las situaciones desde una óptica limitada y, por ende, actuamos en consecuencia. Esa manera de mirar, en ocasiones, limita nuestro desarrollo e impide que alcancemos todo aquello que deseamos. Por lo tanto, saber qué «creemos» es importante para nuestro propio conocimiento y para el desarrollo.

Ana, de una forma inconsciente, creía que no era digna de ser amada. Su experiencia le enseñó que no recibía la atención y dedicación que necesitaba, por lo tanto, creyó no ser merecedora de amor. Las creencias fundamentales del ser humano se consolidan en el periodo de aprendizaje. Por eso, las personas que tutelan a un niño durante los primeros años de su vida tienen una influencia muy importante en cómo ese niño estructurará su pensamiento en la edad adulta.

4. Desatasca tus emociones

En la cuarta muñeca nos detuvimos a observar, identificar, aceptar y transformar todas aquellas emociones retenidas. Ana sentía mucha angustia, un miedo atroz a la soledad. Era adicta a las relaciones, capaz de amar a cualquier precio: lo que fuera con tal de escapar de ese dolor emocional.

Por lo general, como no hemos sido conscientes de nuestras verdaderas historias de vida, retenemos las emociones como si se tratara del agua contenida en un pozo. Si nos preguntamos cómo se encuentra el agua en tales condiciones, llegaremos a la conclusión de que, sencillamente, se encuentra estancada y sin vida.

Reprimir las emociones no hace que desaparezcan, sino que siguen ahí manifestándose e, incluso, pueden hacerse visibles en forma de enfermedad, ansiedad, depresión o angustia.

5. Acéptate

La quinta muñeca nos muestra nuestro ser auténtico. Un ser perfecto, único, valioso e irrepetible. Un ser despojado de todas las capas que, a lo largo de la vida, nos han estado cubriendo.

Desde este lugar, Ana se sintió diferente. Pudo observar quién era y cómo sus pensamientos, palabras y acciones afectaban a su vida y a su entorno. Se dio cuenta de que es posible desaprender y volver a la esencia. Se sintió libre de las cadenas que la llevaban a actuar desde el automatismo. Esa conciencia la llevó al compromiso de observarse cada día, de elegir la libertad de ser en cada momento. Tomó consciencia de que era mucho más que cualquier identificación con el pensamiento y decidió *amarse sobre todas las cosas.*

¿CUÁL ES TU MATRIOSKA DEL AUTOCONOCIMIENTO?

Si tu vida fuera una película, ¿qué título le pondrías?

¿Qué papel o qué personaje has interpretado en esa película para obtener amor?

¿Cuáles son los pensamientos o creencias que te impiden avanzar?

¿Qué emociones estás reprimiendo?

¿Cómo puedes aceptarte y amarte mejor?

MEDITACIÓN PARA OBSERVAR LOS PENSAMIENTOS

1. Busca un lugar cómodo, silencioso y adopta una postura óptima para la meditación.
2. Cierra los ojos por un momento y trata de centrar la atención en tu respiración. Prueba a seguir concentrado en la inhalación y la exhalación durante unos minutos.
3. Cuando notes tu cuerpo relajado, te propongo que imagines una pantalla enfrente de ti.
4. En esa pantalla puedes proyectar cada uno de los pensamientos que vengan a tu mente. Sin retenerlos. Tan solo observándolos y dejándolos pasar. Observa cómo surgen los pensamientos y cómo se van. Como si de los créditos de una película se tratara.
5. Date cuenta de que, si no retienes el pensamiento, no surge ninguna emoción asociada a él. Observa cómo tus pensamientos no tienen poder.
6. Y ahora, pregúntate: ¿Quién soy yo? Si tratas de observarte en silencio, verás que eres el observador que puede observar todo eso y más. Eres un todo con el todo. Aquel que es capaz de ver más allá del pensamiento.

2

NO TE HARÁS PROMESAS EN VANO

~~NO TOMARÁS EL NOMBRE DE DIOS EN VANO~~

«Prometemos según nuestras esperanzas
y cumplimos según nuestros temores».

FRANÇOIS DE LA ROCHEFOUCAULD

Martina llegó agobiada a mi consulta porque no conseguía cumplir sus compromisos. Solía empezar mil y una tareas y no lograba acabarlas. A la mínima, perdía el interés y abandonaba. Cuando acababa un año realizaba una lista de deseos para el siguiente: *acabar la carrera, llevar una vida más saludable, dejar de fumar, mejorar mi inglés, mejorar mi relación de pareja, tener más ingresos,* etc. Sin embargo, el día a día se comía esas buenas intenciones, generando en ella una creciente frustración.

Le sugerí que anotara cada promesa que no cumplía. Las escribió en papeles de colores, las dobló cuidadosamente y metimos esas frases en el *Bote de las Promesas*, un frasco de cristal, de esos que se utilizan para las conservas, y le dimos un golpe para cerrarlo al vacío.

La expectación de Martina era enorme, como si creyera que aparecería el mago que cumpliría cada uno de sus deseos. Entonces le advertí que sus promesas eran solo palabras y que hacía falta algo más para cumplirlas. Ella misma cayó en la cuenta de que la espera pasiva no produce resultados. Las promesas sin acción son simples conservas.

ERES LO QUE DICES, PERO SOBRE TODO LO QUE HACES

La confianza que inspiramos en los demás, y en nosotros mismos, viene dada sobre todo por lo que hacemos.

¿Qué pensarías de una persona que queda contigo y a última hora siempre cancela la cita? ¿O de alguien que te ofrece ayuda y no se presenta? Estoy segura de que poco a poco perderías la confianza en ella.

Las acciones hablan por sí solas. Nos definen. Lo mismo ocurre con tus promesas. Todo eso que te dices y no cumples va erosionando tu autoconfianza. Aunque creas que no es tan grave porque solo te fallas a ti mismo, en realidad es de suma importancia, porque al final dejas de creer en ti. ¿Y hay acaso alguien más importante en tu vida que tú mismo?

LOS CINCO ANTÍDOTOS DE LAS PROMESAS VITALES

Seguro que a lo largo de la vida te has ido formulando promesas y propósitos que se han quedado en el olvido. Aquí te dejo cinco antídotos para que eso no te suceda:

1. Comprométete con lo que verdaderamente te apetece

Un gran porcentaje de promesas no cumplidas provienen de mandatos internos. Cuando te dices: *tengo que adelgazar, tengo que aprender inglés*... ¿Quién te da esas órdenes? ¿Has pensado alguna vez que esas exigencias solo existen en tu cabeza?

El primer paso hacia la sinceridad es aprender a decir «no» a todo aquello que no nazca de un deseo genuino. Tienes derecho a comprometerte tan solo con aquello que te apetece, así como dejar de autoimponerte obligaciones que no estén alineadas con tus valores, o que no sean las adecuadas en ese momento.

2. Cuida cada palabra que te comprometa

Un viejo proverbio dice que hay dos cosas en la vida que, una vez dadas, no pueden regresar a ti: la palabra y el tiempo. A veces damos la palabra a otros y, como consecuencia, acabamos regalando nuestro tiempo. Cuando no somos conscientes de que buscamos agradar a los demás, nos olvidamos de nosotros mismos, y al final acabamos comprometiendo nuestras horas en acciones muy alejadas de nuestros propósitos.

Lo mismo ocurre con la palabra que nos damos. Como el perro del hortelano que ni come ni deja comer, cuando nos hacemos promesas en vano, nos provocamos un «run run» interno que nos resta un sinfín de energía. Por lo tanto, te animo a comprometerte tan solo con aquello que quieres o puedes cumplir.

3. Elimina los «debería» de tu vida

Gastamos mucha energía en los asuntos que tenemos pendientes. Los «debería» son todas aquellas cosas que creemos que debemos hacer, pero en este momento, no queremos o no podemos hacer. *Debería encontrar pareja, debería viajar más, debería dejar de fumar, debería ir al gimnasio, etc.* Nuevamente, ¿quién impone esos «debería»? Si surgen de tu deseo más profundo, está bien, pero si encontramos que son impuestos por la sociedad, serán deseos completamente estériles. Estos deseos que no surgen de tu verdadera esencia te restan poder y te llenan de culpa. Te sugiero que elimines de un plumazo todos aquellos que lleven mucho tiempo en «conserva». Puedes probar a realizar una lista nueva, convirtiendo ese peso en objetivos que realmente te apetezca llevar a cabo.

4. Reduce tu lista de promesas

Confucio decía: «Quien persigue dos conejos, no caza ninguno», y lo mismo ocurre con los propósitos. Si por un exceso de optimismo llenas tu bote de promesas, será fácil que te bloquees y no cumplas ninguna.

Convierte tus promesas en objetivos inteligentes y posibles. Define aquello que persigas de forma específica, de modo que puedas evaluar su consecución. Que sean realistas, medibles en el tiempo, y desarrolla tu plan de acción. Hablaremos de este antídoto en el capítulo 6.

5. Toma el mando de tu vida

Aunque tengas el mejor de los libros en tus manos, aunque te acompañe el mejor entrenador o terapeuta, hay algo que tan solo puedes hacer tú. Si quieres cumplir con tus promesas, debes coger las riendas tu vida y decirle adiós a las excusas.

LOGOTERAPIA: LA LIBERTAD DE ESCOGER

Viktor Frankl fue un neurólogo y psiquiatra austríaco, fundador de la escuela de la logoterapia, que vivió los horrores del holocausto nazi. Fue prisionero en varios campos de concentración como Auschwitz y Dachau, donde perdió a la mayor parte de su familia, incluida su mujer. Fruto de esa trágica experiencia, escribió *El hombre en busca de sentido,* una obra en la que explica cómo a un ser humano se le puede arrebatar todo, salvo la libertad de escoger la actitud con la que enfrentar las circunstancias.

En ese horroroso contexto, observó que las personas que sobrevivían ante tal barbaridad, no eran ni las más fuertes, ni las más inteligentes, sino aquellas que albergaban una esperanza o una ilusión. Las que tenían un porqué o un para qué en la vida. Algunas albergaban la esperanza de volver a ver a un familiar querido, otras mantenían la ilusión de cumplir algún sueño.

De hecho, existen dos actitudes que nos predisponen en la vida:

1. Convertirnos en víctimas y dejarnos vencer por las circunstancias.
2. Encontrar un sentido positivo, inclusive en el sufrimiento, y aprender para salir más fortalecido. Es bien cierto que, muchas veces, no podemos cambiar nuestro contexto, pero hay algo que sí podemos elegir: nuestra respuesta ante las situaciones, que dependen en buena medida de nuestra actitud ante la vida.

EXCUSAS, EXCUSAS Y MÁS EXCUSAS

Lo contrario a tomar las riendas es echar balones fuera. Culpar de las promesas que no cumplimos a las circunstancias adversas o a las personas que nos perjudican. También Viktor Frankl podría haberse excusado en el sufrimiento para pasar el resto de su vida entre lamentos. En lugar de eso, eligió transformarlo en algo que benefició a millones de personas. El creador de la logoterapia era un hombre que no creía en las excusas.

Es sabido que las excusas son pequeñas ladronas de oportunidades. Nos amparamos en ellas para no avanzar, para no decidir o no atrevernos a hacer aquello que queremos hacer. Sin duda, refuerzan el papel de víctima, contrario a la proactividad que necesitamos.

Ser dueños de nuestra vida significa dar los pasos necesarios hacia nuestras metas. Incluso, a veces también requiere reconocer que nos hemos equivocado y que hay que tomar un nuevo camino. Como decía Julio Cortázar: «Nada está perdido si se tiene el valor de proclamar que todo está perdido y empezar de nuevo». Por miedo o por pereza, a lo largo de nuestra vida utilizamos todo tipo de excusas. Déjame que te nombre algunas de ellas:

- **¡Lo siento, son las CIRCUNSTANCIAS!** Una de las excusas más comunes es achacar la culpa a la situación. Por ejemplo, llegas tarde a una cita y le echas la culpa al tráfico o al taxista, en vez de reconocer que podías haber salido con más antelación.

- **¡Uf, qué PEREZA!** Este tipo de excusa nos proporciona una gratificación instantánea. Por ejemplo, cuando prefieres seguir en el sofá en vez de mantenerte en forma, o decides que ese día no haces nada por acercarte a tu objetivo. Nos libramos de aquello que queremos hacer, pero seguidamente nos sentimos mal por ello.

- **¡Hoy hago una EXCEPCIÓN!** Y está bien, ¿por qué no? Muchas pautas en la vida, como alguna dieta saludable, te indican que es recomendable ser flexible, e incluso te animan a saltarte la dieta de vez en cuando. Sin embargo, a veces, la excepción se convierte en hábito. Por ejemplo, cuando habías dejado de fumar y alegas que ese día es una excepción, a sabiendas de que puedes volver a engancharte... En definitiva, cuando acumulas varias excepciones y al final esa acaba siendo la tónica.

- **Más vale malo conocido que bueno por conocer. ¡No a los CAMBIOS!** Hay una frase que dice: «La costumbre a veces nos hace vivir en una jaula, incluso sabiendo que la puerta está abierta». En ocasiones buscamos excusas para no actuar por miedo a los cambios. Esto pasa cuando crees que es mejor seguir en tu trabajo, a pesar de estar a disgusto; o prefieres seguir en una relación tóxica, por miedo a lo desconocido, a estar solo... ¡Cualquier excusa es buena antes que arriesgarse!

- **¡No es el MOMENTO!** Hay otro tipo de excusas que nos llevan a posponer nuestros objetivos. De esta manera, mandamos nuestro objetivo a ese depósito imaginario de proyectos futuros. Confiamos en que en ese momento seremos mucho más productivos, o estaremos más preparados que en el presente, sabiendo, pero negándolo, que cuando llegue ese momento, nos encontraremos en la misma situación.

- **¡Soy así, qué le voy a hacer! Es mi GENÉTICA.** En lo particular, me parecen muy graciosas este tipo de excusas. ¿Quién no ha escuchado alguna vez aquello de: «Es que he salido a mi padre, ¡qué le vamos a hacer!»? Excusamos nuestra forma de ser con el amparo de pertenecer a nuestra familia de genes y, por esa razón, no contemplamos otra opción.

- **AHORA NO... ¡Ya lo haré!** Muchas veces las metas que tienen resultados a largo plazo, que requieren mucho esfuerzo y constancia, nos llevan a la procrastinación. Buscamos excusas porque vemos muy lejos el resultado esperado. Si, por ejemplo, quieres dominar un instrumento, está claro que no lo vas a hacer de la noche a la mañana. Sin embargo, practicar, a veces, puede convertirse en una tarea aburrida, que hace que des mil vueltas hasta que te pones a practicar.

Dice un proverbio árabe: «Quien quiere hacer algo encuentra un medio y quien no quiere hacer nada encuentra una excusa». Pues bien, a veces no es tan drástico y simplemente necesitas un cóctel de vitaminas para ponerte en marcha y cumplir con tus promesas.

VITAMINAS SIN PRETEXTOS: CINCO CÁPSULAS AL DÍA

Este medicamento está indicado para todas aquellas personas que quieren dejar de lado las excusas y desean responsabilizarse de su vida. Cada vitamina posee un efecto exclusivo:

Cápsula 1: Elimina los culpables de tu vida

Las excusas siempre buscan responsables. Trata de eliminarlos. Lo único que consigues buscando culpables es perder el control de tu vida. Olvídate de culpar al sistema, al Gobierno, a tus padres, a tus hijos, al tiempo, al trabajo, a las circunstancias y/o a las personas que te rodean. Si no tomas toda la responsabilidad tendrás poco margen para actuar. Si los demás son los culpables, entonces ¿qué puedes hacer tú? Te animo a que tomes las riendas de tu vida ante cualquier situación. Es mejor ser el director de tu existencia, que ser un actor secundario relegado a las circunstancias. Así que ¡manos a la obra! Responsabilízate y abandona el papel de damnificado, porque no sé si te has dado cuenta de que te deja inmóvil.

Cápsula 2: Indicada para asumir lo que sientes

La diferencia entre las personas que ponen pretextos y las que no es que a las primeras les cuesta mucho asumir las consecuencias de sus elecciones, mientras que las otras se responsabilizan de todo aquello que hacen o dicen.

Asumir lo que sentimos es esencial.

Tengo una amiga que se promete constantemente dejar a su pareja, sin embargo, la soledad le da un miedo atroz. En lugar de admitir ese temor como algo propio y enfrentar ese miedo, prefiere entrar en el bucle de las excusas y dejar de cumplir su promesa.

En las relaciones de pareja, acostumbramos a echar balones fuera. Frases típicas como «es que tú...» hacen que no tomemos cartas en el asunto, responsabilizándonos de lo que es propio.

Cuando nos sentimos agitados emocionalmente por lo que hacen o dicen los demás, normalmente, somos nosotros los que emitimos juicios. Los juicios normalmente hablan más sobre nosotros mismos que de los otros: son la expresión del inconsciente, de nuestras necesidades y nuestros valores. Por ejemplo, si considero que una persona es demasiado «quisquillosa», tendría que tratar de averiguar cuáles son mis propias necesidades que hay detrás de ese juicio: «Considero que es quisquillosa porque siento que, por más que trato de agradarle y complacerla, nunca es suficiente». En este caso, lo habré reconocido y podré ocuparme de mi excesiva voluntad de complacer a los demás, que es lo que en realidad se esconde tras ese juicio.

Cápsula 3: Desarrolla la capacidad de fijarte objetivos y ¡dividirlos, dividirlos, dividirlos!

A menudo, los grandes retos nos resultan tan complejos que nos paralizan.

Si piensas en aprobar una carrera en un solo paso, te desmotivarás enseguida. Sin embargo, si lo haces estudiando año tras año, siguiendo el plan de estudios distribuido en semestres con distintas asignaturas, lo consigues. Así, te animo a que cojas papel y lápiz, escribas tus objetivos y los dividas en otros más pequeños. Divídelos tantas veces como sea necesario hasta que puedas actuar, hasta que desaparezcan los pretextos de tu mente.

Cápsula 4: Deja de hacerte cargo de las responsabilidades de los demás

Establece tus propios límites. Saber decir «no» cuando quieres decir «no» es respetarte a ti mismo y quererte. Abandona la culpa y la vergüenza que nos han transmitido con la educación por el hecho de no cumplir con las expectativas impuestas.

Analiza de forma sincera las cosas que haces por obligación, por miedo o por culpa. Lo que hagas con la guía de estos sentimientos, sea lo que sea, acabará provocando una resistencia en ti.

Te animo a que hagas una lista con todas esas acciones que llevas a cabo y que te suponen una obligación. Normalmente son todas aquellas frases que empiezan por «debería» o «tengo que». A continuación, puedes cambiar esos verbos limitantes por otros de más apertura, como «quiero», «elijo» o «decido». Observa cómo te sientes con ese cambio. Si continúas sintiendo que estás bajo una obligación, intenta encontrar la motivación que se encuentra detrás: «Decido/quiero/elijo... porque...», y decide si lo aceptas o lo eliminas de tu vida.

Cápsula 5: Potencia el compromiso y el trabajo contigo mismo

El mayor compromiso que existe es el que asumes contigo. No hay nada que puedas dar u ofrecer a los demás que no exista primero en ti. Conócete, acéptate y mejórate. No hay nada más importante y que ofrezca mayor rentabilidad a largo plazo que el hecho de invertir tiempo en desarrollarte.

Ser responsable es un camino hacia la libertad y la libertad nos conduce a la creatividad, al diseño de la vida que queremos. Este proceso nos llena de energía, de ilusión, de fuerza y de pasión.

Ser responsable de nuestros pensamientos y valores, nos conduce al autoconocimiento, impulsor de la constancia, la perseverancia, la aceptación, la compasión y el amor. Por lo tanto, ¡mejórate cada día! Puesto que todo lo que siembres en ti, florecerá con creces a tu alrededor.

MEDITACIÓN PARA ABRAZAR TUS EMOCIONES

1. Busca un lugar cómodo y silencioso.
2. Concéntrate en tu respiración. Tan solo inhala y exhala, y céntrate en ese ejercicio.
3. Nota cómo la respiración va relajando todas las partes de tu cuerpo.
4. Deja aflorar una emoción.
5. Identifícala y ponle un nombre: amor, rabia, miedo, ira, tristeza…
6. Una vez la tengas identificada, céntrate en tu cuerpo y localízala. Puede ser que notes una sensación en el vientre, en el pecho, en la garganta, en la cabeza o quizás en la espalda. ¿Dónde la sientes?
7. Ahora te invito a que lleves las manos a esa parte de tu cuerpo y la sientas más intensamente.
8. Observa sin juicio esa sensación, el lugar en el que la sientes, y hazla tuya, con la intención de abrazarla e integrarla.
9. Sigue centrado en la respiración, como si a través de ella quisieras integrar la sensación y sigue así hasta que la sensación en el cuerpo desaparezca.

3

HAZ DE CADA MOMENTO UNA FIESTA

~~SANTIFICARÁS LAS FIESTAS~~

«Tan pronto como vemos que en este mismo momento
ya tenemos bastante, ya somos bastante,
la verdadera felicidad se hace posible».

THICH NHAT HANH

Hace unos años, yo trabajaba con un amigo para una editorial redactando guías de viaje. Eso implicaba realizar un extenso trabajo de campo previo a la redacción. Durante casi dos meses recorrimos varios países de Centroamérica. Fue todo un reto. Listas y listas de ciudades, monumentos y lugares que debíamos visitar y fotografiar. Cualquier persona podría creer que un trabajo así era motivo de alegría y diversión, sin embargo, nosotros éramos incapaces de disfrutar del camino porque estábamos constantemente planificando el siguiente destino. Así transcurrió nuestro tiempo, aquel viaje soñado: viendo el material que habíamos conseguido el día anterior y pensando qué sería lo siguiente. Y, mientras tanto, nuestro presente se desvanecía sin que fuéramos conscientes.

Hacer de cada momento una fiesta significa todo lo contrario. El aquí y el ahora son el único tiempo y espacio en los que transcurre la existencia. La felicidad no es un destino, es un hábito. No necesitas llegar a ninguna parte porque, aunque no lo creas, en este preciso momento ya reúnes todas las condiciones para ser feliz.

El siguiente cuento zen ilustra cuánto pesan las culpas.

Cruzar el río

Había una vez dos monjes zen que caminaban por el bosque de regreso a su monasterio. Cuando llegaron al río, se encontraron a una mujer que lloraba en cuclillas cerca de la orilla. Era joven y atractiva.

—¿Qué te sucede? —le preguntó el monje más anciano.

—Mi madre se muere. Está sola en su casa, al otro lado del río, y yo no puedo cruzar. Lo he intentado —siguió la mujer–, pero la corriente me arrastra y no podré alcanzar nunca el otro lado sin ayuda. He llegado a pensar que no la volvería a ver con vida, pero ahora habéis aparecido y alguno de los dos quizá me pueda ayudar a cruzar…

—Ojalá pudiéramos —se lamentó el más joven—, pero la única manera sería cargarte a través del río y nuestros votos de castidad nos impiden todo contacto con el sexo opuesto. Eso está prohibido, lo siento.

—Yo también lo siento —dijo la mujer y siguió llorando.

El monje más viejo se arrodilló, bajó la cabeza y dijo:

—Sube.

La mujer no podía creerlo, pero enseguida montó a horcajadas sobre el monje. Con bastante dificultad, el monje cruzó el río, seguido por el más joven.

Al llegar al otro lado, la mujer quiso besar las manos del anciano monje.

—Está bien, está bien —dijo el viejo retirando las manos—. Sigue tu camino.

La mujer se inclinó con humildad y corrió por el camino del pueblo. Los monjes, sin decir palabra, retomaron su marcha al monasterio...; faltaban aún diez horas de caminata.

Poco antes de llegar, el joven le dijo al anciano:

—Maestro, sabéis mejor que yo de nuestro voto de castidad. No obstante, cargasteis sobre vuestros hombros a la mujer a lo ancho del río.

—La llevé a través del río, es cierto, pero ¿qué pasa contigo, que la cargas todavía sobre los hombros?

DESHAZTE DE TUS CARGAS

Las cargas que nos asignamos nos dificultan hacer de cada momento una fiesta. Cargamos con tantas cosas grandes y pesadas que dejamos de ver todo lo positivo que hay a nuestro alrededor. A menudo, estas cargas son límites mentales que nos imponemos a nosotros mismos y que nos provocan ira, rencor y culpa.

Para ello:

1. Suelta todo aquello que perturbe tu felicidad

El primer paso es reconocer aquello que te impide ser feliz aquí y ahora. Si estás muy absorbido por tu trabajo o si estás bloqueado por la ira, el rencor, el miedo o el dolor. Puede que te sientas asfixiado en tu relación de pareja. O que estés atrapado en la búsqueda de estatus, dinero o placer. O es posible que ya tengas todo eso, que poseas una gran fortuna, que seas una persona influyente o famosa, pero carezcas de una verdadera libertad interior. Pues bien, sea como sea, necesitas valor y determinación para salir del lugar en el que te encuentras.

En realidad, nadie más que tú sabe lo que necesita soltar. Pero, ¡ojo!, tienes que estar dispuesto, también, a soltar tus antiguas ideas sobre la felicidad. Te animo a que, por un momento, revises tu vida y te atrevas a anotar lo que te gustaría soltar. Esto te puede dar perspectiva para dejar atrás todo aquello con lo que no quieres seguir cargando o, todo lo contrario, a aceptar que no lo vas a soltar.

2. Descubre que reúnes todas las condiciones para ser feliz

Casi todas las personas almacenamos algún deseo en nuestro interior. A menudo, estamos buscando fuera algo que nos llene y nos satisfaga: alimento, dinero, personas, reconocimiento, placeres sexuales, estatus social, etc. No obstante, mientras nuestro interior esté cargado de ansiedad, no estaremos satisfechos con lo que tengamos o con lo que seamos.

Ese anhelo nos arrastra hacia el futuro y no podremos ser felices hasta que no alcancemos el objeto o las circunstancias deseadas. De este modo, nuestra vida se nos escapará persiguiendo el hecho de ser «alguien» o de ganar dinero.

Liberarte del anhelo y de la consecuente ansiedad te permite tomar consciencia de que eres más rico que antes, porque al recuperar tu libertad serás capaz de vivir tu mayor tesoro: el momento presente.

3. Ten en cuenta que morir da sentido a vivir

Recuerdo una viñeta en la que Charlie Brown decía: «¿Sabes qué, Snoopy? Un día de estos vamos a morir». A lo que Snoopy responde: «Sí, pero los otros días no».

Decía Ken Wilber que nos pasamos la vida esperando, siempre insatisfechos, como si el momento presente no contara. Queremos que este instante termine para pasar al siguiente, a un momento futuro que, a su vez, será una mera transición. Y, mientras tanto, nos perdemos la vida.

Aunque la muerte es un tabú en la sociedad actual, nuestro mayor temor no es morir. Como decía Marco Aurelio hace dos milenios: «No debemos tener miedo a la muerte, debemos tener miedo a no empezar nunca a vivir».

Además, gracias a la impermanencia la vida es posible. Sin ella, una semilla nunca sería una flor, ni un gusano una mariposa, ni el árbol daría su fruto.

La siguiente es una fábula sobre el arte de disfrutar del milagro de la vida:

> Se cuenta que, hace tiempo, existía un hombre muy curioso que quería conocer la razón por la que llamaban «sabio» a un anciano. Decidido a investigar las razones, se dirigió al viejo y le dijo:
>
> —Me han dicho que tú eres sabio. Por favor, dime qué cosas puede hacer un sabio que no estén al alcance de las demás personas.
>
> El anciano le contestó:
>
> —Cuando como, simplemente como; duermo cuando estoy durmiendo, y cuando hablo contigo, solo hablo contigo.
>
> Sorprendido, el hombre replicó:
>
> —Pero eso también lo puedo hacer yo y no por eso soy sabio.
>
> A lo que el anciano le explicó:
>
> —Yo no lo creo así, pues cuando duermes, recuerdas los problemas que tuviste durante el día o imaginas los que podrás tener al levantarte. Cuando comes, estás planeando lo que vas a hacer más tar-

de. Y, mientras hablas conmigo, piensas qué vas a preguntarme o cómo vas a responderme, antes de que yo termine de hablar. La sabiduría es estar consciente de lo que hacemos en el momento presente y así disfrutar cada minuto del milagro de la vida.

ESTE PRECI(O)SO MOMENTO

Todo lo que podemos apreciar se despliega en este preci(o)so momento. Así lo hace también la naturaleza. La hierba solo crece en el presente, igual que los árboles. Los pájaros solo vuelan y cantan en este momento. De la misma manera que los ríos, el mar y el océano existen en el AHORA. No hay más tiempo que el presente y es solo allí donde se desarrolla nuestra existencia.

Yo solía creer que la impaciencia era un rasgo de las personas con éxito. Creía que era como un acelerador del espacio y del tiempo, y que así era más fácil y rápido llegar a conseguir metas. Siempre pensando en llegar. Sin importar lo que estaba viviendo, porque ese momento era solo un trámite para llegar a algún sitio.

Tengo una amiga que, cuando llega a cualquier lugar, inmediatamente piensa en volver. Es capaz de planificar un maravilloso fin de semana de una noche en un hotel de ensueño, pero quiere regresar nada más llegar. ¿No es una lástima vivir así, sin disfrutar de este preci(o)so momento?

Cada momento es una fiesta si prestas atención plena

A continuación, te voy a proponer una serie de acciones para practicar tu atención y para que puedas anclarte en el momento presente y entrenar tu sabiduría. Estos pasos, aunque estén aquí escritos, de nada sirve leerlos. La atención plena consta de un 99% de práctica y 1% de teoría. Por lo tanto, si quieres hacer de cada momento una fiesta, no hay más que estar dispuesto a practicar, practicar y practicar.

1. Medita

La práctica de la meditación nos ayuda a *despertar*, es decir, a permanecer conscientes y atentos. Podemos practicar la meditación tumbados, sentados o incluso de pie. Podemos hacerlo con los ojos abiertos o cerrados. No hay una sola forma correcta de hacerlo. De lo que se trata es de entregarnos totalmente al momento presente. Es decir, descansar en la dignidad de la postura que hayamos escogido, abrazando todo tal cual es, con la máxima aceptación.

Para meditar, debemos dejar de lado la autoexigencia y ser compasivos con nosotros mismos, porque en realidad la meditación es un acto de amor: hacia uno mismo y hacia el mundo.

Si te inicias en la meditación, resulta interesante practicarla al despertarse y al ir a dormir. Meditar nada más despertarse tiene un efecto muy beneficioso porque nos ofrece la oportunidad de contemplar lo que nos depara el día e, incluso, de llevar esa conciencia meditativa a todos los hábitos que llevemos a cabo: cepillarnos los dientes, ducharnos, vestirnos, conducir, comer, hacer las tareas del hogar, etc. Si todo esto lo realizas en presente, podrás expandir esa conciencia a tu día a día, viviendo «despierto» cada momento de tu vida.

Podemos recurrir a la meditación en cualquier momento de la jornada y en todas las ocasiones que lo necesitemos. Una forma de practicarla puede ser atendiendo los sonidos; otra, prestando atención a todas las sensaciones y/o percepciones procedentes de los diversos sentidos. Otra modalidad puede ser seguir exclusivamente la respiración. O incluso, centrarnos en el pensamiento y observar si lleva una carga emocional positiva, negativa o neutra.

En cualquier caso, al meditar debemos apartar el juicio, porque recuerda: *nada está bien ni nada está mal.*

Te invito a que te apartes por un momento de la lectura e integres la experiencia. Puedes grabar esta meditación o hacerla en pareja, por turnos.

1. Empieza aquietándote en el lugar que estés. Elige una postura que te resulte cómoda. Puedes tumbarte, sentarte o estar de pie.

2. Cierra ligeramente los ojos. Centra tu atención en lo que esté ocurriendo en este momento. Entrega el peso de tu cuerpo a la gravedad. Deja que este descanse en la superficie de contacto, en la cama, en la silla o en el suelo. ¿Qué sensaciones experimentas ahora mismo? Si notas que empiezas a tensarte en torno a la respiración, suelta un poco más en cada

exhalación. Afloja tu cuerpo y deja que la gravedad te sostenga.

3. Nota cualquier pensamiento en el momento que aparece y en el momento que desaparece. Obsérvalos sin identificarte como si fueran nubes que pasan por el cielo. Nota cualquier sentimiento o emoción que aparezca. Deja que venga y se vaya. Abraza todo con conciencia y con una perspectiva amable. Céntrate en la respiración.

4. Experimenta las sensaciones en el torso o en el abdomen. Descansa en el fluir de la respiración. Deja que todo cambie, instante tras instante, mientras respiras. Utiliza tu respiración para anclar tu presencia en el presente y en el cuerpo. Recuerda en cada momento que adviertas que tu mente divaga, redirigir tu atención a la respiración.

5. Sigue manteniéndote en esta presencia durante varios minutos.

2. Camina mientras caminas

El paseo consciente también nos lleva de lleno a la meditación. Trata de tomar pequeños descansos y sal a caminar por el simple placer de hacerlo. No se trata de llegar a ningún sitio, sino de acercarte con cada paso un poco más al momento presente. El hecho de caminar te permite sentir el cuerpo de un modo diferente a cuando meditas sentado o estirado. Durante el paseo, puedes prestar atención a tus pies y sentir su contacto con el suelo. De esta manera, puedes sentirte arraigado con cada nuevo paso, como si estuvieras abrazando la tierra con los pies.

Caminar es algo que hacemos de forma automática, por eso, en la práctica del paseo consciente conviene tomar nota si perdemos nuestra atención, registrar adónde se va y de qué se ocupa y, posteriormente, reconducirla de forma bondadosa al presente.

El único requisito de este paseo meditativo es permanecer en todo momento en contacto con la totalidad del cuerpo, respirando y caminando.

3. Escucha con atención

Ahora que has aprendido a escuchar tu cuerpo, a entregarte a este momento presente, es el momento de aprender a escuchar a los demás. Se trata de ampliar tu capacidad de escucha, prestando atención a cualquier tipo de sonido que se halle presente. Intenta no aferrarte a los pensamientos o juicios de ningún tipo. Trata simplemente de oír, sin calificar el sonido que aparece. No importa si es agradable o desagradable, tan solo intenta convertirte en la simple experiencia de la escucha. De la misma manera, trata de escuchar al prójimo. Elimina cualquier tipo de distracción que pueda desviar tu atención. Por supuesto, deja de lado cualquier dispositivo electrónico y concéntrate en la otra persona. Escucha su discurso, observa su cuerpo, su tono de voz. Si te aparece cualquier pensamiento o juicio, déjalo pasar. No te aferres a él. No se trata de escuchar para contestar u opinar, sino de fluir en esa experiencia de la escucha.

4. Respira conscientemente

La respiración es el hilo conductor de cualquiera de las prácticas anteriores. La respiración consciente consiste en conectar deliberadamente con las sensaciones que provienen de ella.

Respiramos todo el tiempo mientras estamos vivos.

Lo primero que hacemos al llegar a esta vida es inspirar, y nos vamos de este mundo con un suspiro. El maestro Thich Nhat Hanh dice que respirar es una celebración: «celebrar el hecho de estar vivo, aún vivo». Y así es. Respirar es un principio de vida y, hacerlo de forma consciente nos devuelve a nuestro centro, liberándonos del pasado y dejando las preocupaciones del futuro. La respiración aporta equilibrio físico, mental y armonía interior.

Practica la respiración siempre que lo necesites

EJERCICIO DE RESPIRACIÓN CONSCIENTE

Tómate un momento y busca un lugar tranquilo. Practica 30 respiraciones completas, inhalando y exhalando. Trata de llevar la mayor cantidad de aire posible al abdomen, siguiendo por la zona torácica hasta las clavículas. A continuación, exhala liberando el aire del abdomen, seguido de la caja torácica y finalmente de las clavículas, en la parte más alta de los pulmones. Hazlo cada vez más lentamente y trata de encontrar tu propio ritmo. Trata de centrar tu atención en la respiración. Todo el cuerpo respira, más allá de la mente.

Es inevitable que aparezcan pensamientos. Simplemente, déjalos pasar. No te identifiques con ellos. Puede resultar de utilidad decirte «la mente está pensando» y volver a la respiración.

Agradece cada instante

Para hacer de cada momento una fiesta necesitas sentir que la vida es un milagro y que cada instante es un regalo. Piensa por un momento en qué momentos sientes esa dicha. Quizá cuando consigues una meta, o bien, al recuperar tu salud o la de un ser querido; o ante el nacimiento de tus hijos, aunque en realidad deberías sentirla por el «simple» hecho de estar vivo.

No sé si te das cuenta de que cualquiera de estos ejemplos comparten un denominador común: ¡DAR LAS GRACIAS!

El filósofo Comte-Sponville, en su maravillosa obra *Pequeño tratado de las grandes virtudes*, decía que la gratitud es la más agradable de todas ellas y el más virtuoso de los placeres. El agradecimiento no nos quita nada: es un don que se da a cambio de otro, sin perder nada. Lo único que la gratitud tiene para dar es el placer de haber recibido. Comte define esta virtud como *la alegría de la memoria.* No anula el duelo, sino que nos anima a pasar del dolor atroz de la pérdida a la dulzura del recuerdo. «De la amputación a la aceptación, del sufrimiento a la alegría y del amor desgarrado al amor aquietado», dice el autor.

El maestro Lao Tsé apuntó que «El agradecimiento es la memoria del corazón». De hecho, numerosos estudios científicos concluyen que agradecer beneficia tanto el cuerpo como a la mente.

Si no agradeces lo que tienes, ¿qué te hace pensar que podrías ser feliz con más?

A continuación, te propongo 4 pasos para practicar la gratitud en tu día a día:

1. Abandona la crítica

Si pones énfasis en encontrar defectos en los demás, en lamentar situaciones que te acontecen o te focalizas en la crítica, al final, estás atrayendo escenarios negativos. También es posible que esos juicios sean un reflejo de lo que haces contigo mismo. Puede ser un buen momento para reflexionar acerca del diálogo que mantienes en tu interior.

Si tu atención, en cambio, se centra en la gratitud, no estarás centrado en la carencia. A fin de cuentas, atraemos aquello que somos, así que si tienes que elegir entre criticar y no hacerlo, opta siempre por la opción que esté basada en el amor.

2. Destierra la queja

Si eres de las personas que se instalan en la queja, notarás que en muchas ocasiones te sientes enfadada e, incluso, sientes envidia y amargura por no recibir lo que crees que te falta. La queja es sinónimo de ingratitud. Si necesitas cambiar algo, cámbialo y si no puedes o no quieres hacerlo, acéptalo. Pero el hecho de mantenerte en la queja lo único que provoca es que te sientas infeliz.

La vida es un don que nos conceden digno de celebración, y la queja, por el contrario, es muestra de desamor. Focalízate en todo lo que tienes, porque si haces caso a las exigencias de tu ego, nunca te sentirás satisfecho.

3. No des nada por sentado

¿Te has parado a valorar todo lo que tienes en tu vida? Tus seres queridos, las oportunidades, tus vivencias, los recuerdos, bienes y por encima de todo: ¡estar vivo!

No des nada por sentado y siente que todo es un milagro. Verás cómo de esta manera te sientes agradecido. Percibirás la gran cantidad de dones que hay en todos y en cada uno de los momentos. Piensa por un segundo: ¿Qué pasaría si perdieras a alguno de tus seres queridos? Intenta celebrar cada instante como si fuera el último. No hace falta perder para poder apreciar lo que tenemos. Valora cada momento como si fuera una fiesta: cuando juegues con tus hijos, una puesta de sol, el movimiento de las nubes, el canto de los pájaros, el aire que respiras... ¡Todas y cada una de las experiencias de la vida merecen tu gratitud!

4. Expresa el agradecimiento

Agradece tu despertar, respirar, las funciones de tu cuerpo, caminar, vivir otro día más. Agradece estar rodeado de las personas que quieres. Agradece tu capacidad de amar y ser amado. Agradece las oportunidades que te brinda la vida y cada uno de sus aprendizajes. Agradece todo aquello que te hace crecer, sanar y despertar. Agradece haber nacido en el lugar indicado para tu perfecta evolución. Agradece cada uno de los alimentos que te llevas a la boca. Agradece el agua y el aire que respiras. Agradece cada instante porque es único e irrepetible. Agradece a la naturaleza su armonía y perfección, que hace que sigas vivo…

¡Agradece, agradece y agradece!

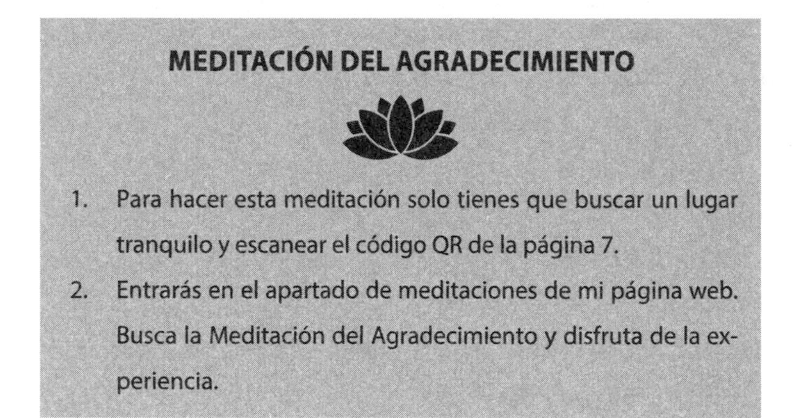

MEDITACIÓN DEL AGRADECIMIENTO

1. Para hacer esta meditación solo tienes que buscar un lugar tranquilo y escanear el código QR de la página 7.
2. Entrarás en el apartado de meditaciones de mi página web. Busca la Meditación del Agradecimiento y disfruta de la experiencia.

4

HONRARÁS AL NIÑO QUE VIVE EN TI

~~HONRARÁS A TU PADRE Y A TU MADRE~~

«El hombre es un niño: su poder es el poder de crecer».

RABINDRANATH TAGORE

Al lado de mi casa, hay un parque precioso. Lo frecuentamos a menudo con mi hijo de cuatro años. Uno de los atractivos del lugar es una ruta de observación de aves. A lo largo del parque se erigen unos postes explicativos para conocer cada una de las especies. ¡Mi hijo está completamente alucinado! Para él no existe nada mejor que ese preciso momento. Cada día tenemos que hacer la ruta, una y mil veces, pronunciar otras tantas el nombre de cada tipo de ave y una descripción exhaustiva de su alimentación. Los que tengáis hijos entenderéis lo de repetir hasta la saciedad; los que no, imaginaos una canción que suena en bucle. Pero no todo acaba ahí, ya que su entusiasmo crece, día tras día, cuando reconoce a esas aves volando en libertad.

Mi hijo se honra a sí mismo. Disfruta de cada momento como si fuera la primera vez, o como si fuera la última. Observa el mundo con asombro y sin condicionamientos.

Es que los niños son grandes maestros. Viven intensamente el presente. El futuro no existe para ellos, más allá de lo inmediato. No entienden de mañanas, ni de ayeres, ni de juicios, ni prejuicios. Cualquier sueño es posible para un niño. Ellos fluyen con la vida, impulsados por la pasión y sintiendo la emoción a flor de piel. Esa es su verdadera naturaleza. Y déjame decirte: la tuya también.

EL NIÑO MÁGICO QUE HAY EN TI

Todos tenemos un niño viviendo en nuestro interior. José Saramago decía que la vejez empieza cuando se pierde la curiosidad. Ese niño que habita en ti es humilde por naturaleza. Le gusta jugar y aprender. Es pura energía, movimiento constante, es entusiasta y le encanta actuar. No hay nada imposible para él. La vida es... simplemente vida. Está en contacto con su esencia, vive el ahora y se honra de forma constante.

Pero, por alguna razón, los adultos hemos aprendido lo contrario. A veces no logramos contactar con esa parte. Pensamos que el presente es simplemente un lugar de paso. Una pasarela que nos lleva del pasado al futuro, por la que caminamos casi de puntillas, sin detenernos a saborear el momento. Esa fugacidad con la que vivimos no nos deja pararnos a contemplar el paisaje y, mucho menos, a ver lo que somos.

Nuestro niño llegó al mundo con una capacidad plena para amar y ser amado. Cree que merece todo y confía en sí mismo. Pero, para desarrollar esas capacidades, tuvo que sentir que le daban amor. Tuvo que saberse respetado tanto física como emocionalmente; de lo contrario, nuestro niño interior creció herido.

SÍNTOMAS DEL NIÑO HERIDO

En la infancia éramos muy vulnerables. Podían herirnos con mucha facilidad. Una palabra fuera de tono, una mirada hiriente, una falta de respeto o incluso de atención nos podía perforar el alma. Por lo general, no teníamos palabras para expresar cómo nos sentíamos, ni tampoco consciencia de nuestras emociones. Por eso, el niño herido sigue latente en nosotros. Para saber si esas heridas siguen abiertas, presta atención a los siguientes síntomas. Si te identificas con alguno, puede ser que el niño que vive en ti necesite de tu abrazo.

1. Te sientes insatisfecho contigo mismo

Tal vez, al llegar a la edad adulta, has perdido la ilusión de la infancia. No tienes proyectos, ni deseos, ni ganas de jugar y tu vida es apática, seria, triste e insatisfecha.

2. No recuerdas casi nada de tu infancia

La mente es muy sabia y tiende a olvidar todo aquello que no le gusta. La amnesia selectiva es un mecanismo que utiliza nuestro cerebro para dejar de lado historias que, por alguna razón, le resultaron dolorosas. Son incontables las personas que durante su infancia han sufrido abusos sexuales y lo olvidan completamente. Solo detectan su malestar, pero no logran recordar la causa, y es a través de ocuparse, cuando de repente recuperan la memoria.

3. Sientes que tus relaciones no te satisfacen

Si tienes a menudo la impresión de que las personas de tu alrededor te fallan o no están a la altura, puede que estés buscando llenar un vacío que no tiene su origen en el presente. Quizá las heridas de tu niño estén llamando a gritos para que las sanes.

4. Tienes una sensación de vacío y tristeza constantes

Hay una imagen que describe a la perfección esta sensación. Es la metáfora del agujero en el fondo de un saco, que por más que trates de llenarlo, siempre estará vacío. La sensación de vacío constante responde a un sentimiento de carencia, cuando nada es suficiente. Puede ser que tus relaciones sean insatisfactorias, o que tengas un deseo desmesurado de éxito, apego hacia lo material, o incluso que necesites llenarte en exceso de alimentos o de sustancias que, en realidad, te resultan nocivas.

5. Sientes que eres demasiado rígido

Existe una línea muy fina entre el deseo de evolucionar y el perfeccionismo enfermizo. Bajo la excusa de buscar la perfección, nuestro niño puede volverse demasiado rígido y olvidarse de disfrutar. Este hecho puede tener consecuencias significativas, ya que a menudo te lleva a la frustración y a comportarte de forma destructiva contigo y con los demás.

La historia de Laura

Laura es una joven casada y con tres hijos que empezó a venir a mi consulta porque desde hacía un año y medio tenía problemas con su pareja. Estaba desesperada porque ya no sabía qué hacer. Su pareja y ella discutían constantemente y competían para ver quién de los dos tenía razón. Esa situación estaba contaminando el ambiente familiar y perjudicando, sin quererlo, a sus hijos. Laura no se sentía querida por su marido y hacía todo lo posible para reclamar su atención. Tenía la esperanza de lograr así que las cosas fueran como antes y que su pareja cambiara y la hiciera sentir mejor. Sentía cansancio, hastío, tristeza y un vacío enorme.

Para empezar, concluimos que ese objetivo no era muy realista. Nada se puede hacer para que la otra persona cambie y, mucho menos, sin estar presente. Lo primero, pues, fue tomar responsabilidad sobre el tema: Laura debía ocuparse únicamente de ella misma, ya que los cambios que deseamos ver en el exterior, hay que promoverlos primero en nuestro interior. Así que nos pusimos manos a la obra.

Empezamos realizando un trabajo para recuperar a su niña interior. Repasamos toda su infancia y vimos que sus padres habían sido muy severos con ella. De entrada, este hecho puede parecer una nimiedad, porque estamos acostumbrados a que nos expliquen la vida desde el punto de vista de los adultos. Todos hemos crecido con etiquetas que no tienen mucho que ver con nosotros, sino con las necesidades de nuestros padres. Si nuestro padre ha trabajado demasiado, lo tildan de «pobrecito», pero nadie nos habla del sentimiento de abandono que nosotros hemos sufrido. Si nuestra madre ha estado constantemente deprimida, enferma o ausente emocionalmente, nos hablarán acerca de ella y de sus necesidades, pero poco sabremos de las nuestras como niños. En realidad, *nadie interpreta aquello que estamos sintiendo* y crecemos siendo inconscientes de nuestras emociones y de lo que en realidad hemos vivido.

A Laura, toda la vida le habían dicho que era una niña mala y desobediente, que su carácter era demasiado fuerte y que tenía que cambiar. Nada que hiciera era suficiente para contentar a sus padres. Así pasó toda su vida, tratando de ser otra persona, de ser diferente a como era para que la aceptaran.

Como resultado, *no se amaba a sí misma.* No consideraba sus necesidades. No sabía decir que no por miedo a que la rechazaran. Le costaba confiar en los demás y creía que la atacaban constantemente.

Tendía a pensar que era una molestia para todos y hacía todo lo posible para agradar a toda costa. Era con esas creencias que se relacionaba con el mundo.

¿Qué hizo Laura para potenciar su bienestar?

1. En primer lugar, **OCUPARSE**. Laura reconoció que algo no iba bien en su vida y que *debía coger las riendas* para ser feliz. Entendió que nadie vendría a rescatarla, que *ella era la protagonista de su propio cuento* y que debía encontrar a esa niña interior y curar sus propias heridas.

2. Seguidamente, **CONOCERSE**. Laura decidió *honrarse a sí misma*. Entendió que *el conocimiento de su infancia no estaba reñido con el amor y el respeto hacia sus padres*. Al contrario, su amor hacia ellos creció al encontrar su verdad, ya que desarrolló la compasión hacia sí misma y hacia todos los demás.

3. También decidió **LIBERARSE**. Pudo soltar tantas emociones que habían estado atrapadas a lo largo de toda su vida, que permitió que la energía fluyera por su interior. Laura logró recuperar su vitalidad y su salud porque empezó a vivir en coherencia con ella misma.

4. A continuación, fue capaz de **PERDONAR**. Sin saberlo, Laura vivía anclada en el pasado, esperando

que la magia del futuro llegara y le arreglara el presente. Al perdonarse a ella misma y a los demás, se permitió soltar. Pudo deshacerse de todo aquello que le hacía daño y situarse en el único momento que de verdad existe: el ahora.

5. Finalmente, eligió **DECIDIR**. Desde la comprensión hacia sí misma, Laura supo los cambios y ajustes que tenía que hacer en su vida. Lo pudo realizar desde la libertad, sin ese sentimiento de apego hacia las cosas o personas que desarrollamos cuando estamos heridos. Decidió qué tenía que cambiar en su vida y le encontró el sentido a su propia existencia. Su felicidad ya no dependía de las expectativas depositadas en su pareja. Decidió simplemente vivir.

ESCUCHA A TU NIÑO INTERIOR

Te invito a que, por un momento, aparques la lectura y reproduzcas esta meditación guiada y te tomes unos instantes para realizarla. Si lo prefieres, puedes realizarla con tu pareja o con alguna persona con quien te sientas cómodo y guiaros mutuamente, por turnos.

Es una meditación muy potente que te permitirá abrazar a tu niño interior y te ayudará a trabajar esos miedos o bloqueos internos.

Elige la postura que te resulte más cómoda. Puedes tumbarte sobre tu espalda con las palmas de las manos estiradas hacia arriba (postura del cadáver o *svanasana*), o bien sentarte en una silla con la espalda recta, las rodillas a 90 grados y los pies anclados en el suelo. O también puedes realizarla en una postura de meditación (loto o *padmasana*).

MEDITACIÓN PARA ESCUCHAR A TU NIÑO INTERIOR

Cierra los ojos y haz respiraciones largas y profundas hasta relajarte. Poco a poco te vas centrando en ese miedo que quieres trabajar, ese miedo que vuelve una y otra vez, que no te deja vivir tranquilo. Cuando lo tengas en tu mente, te animo a que lo expreses en voz alta. Puede ser un miedo al abandono, a fracasar, a decir «no», a no conseguir algo, a sentirte juzgado o cualquier otro temor que sientas que obstaculiza tu libertad.

Ahora que lo has definido claramente, te invito a que empieces a sentir en tu cuerpo dónde se manifiesta ese miedo. Podría ser en el estómago, en el cuello, en la cabeza, en el pecho…

Cuando lo tengas localizado te invito a que lo intensifiques dentro de ti. Deja que llegue a tu mente la primera imagen de cuándo comenzaste a sentir ese miedo. A lo mejor sucedió en el colegio, en casa, con tus padres, con tus hermanos, con algún familiar…

Pregúntate por un momento: ¿Qué edad tiene ese niño que estás viendo? ¿Dónde estás? ¿Qué ocurre?

Ahora te sugiero que saques a ese niño de esa escena y te lo lleves a tu casa. Míralo a los ojos, agarra sus manitas, y dile: «A partir de ahora, ya no tienes que sentir miedo porque yo, adulto, voy a cuidar de ti. Voy a ser tu madre y tu padre. Voy a ser quien te proteja y juegue contigo. Te quiero y nunca te volveré a abandonar. No tienes que tener nunca más miedo porque Yo, adulto, me voy a encargar de ti».

A continuación, mira a tu niño a los ojos y dile todo lo bueno que te ha aportado. Sus heridas te han hecho ser mejor en muchos aspectos, así que puedes decirle todas las habilidades, talentos y valores que te ha dado a ti como adulto, y le das las *gracias de corazón* por todo eso que te ha aportado.

Ahora pregúntale a tu niño *en qué le puedes ayudar tú como adulto.* ¿Qué necesita que hagas o dejes de hacer? ¿Qué necesita ese niño que sientas o dejes de sentir? ¿Qué necesita de ti? Puedes esperar la respuesta tranquilamente, con calma y paciencia.

¿Estás dispuesto a cumplir los deseos de tu niño interior? Explícale cómo te gustaría sentirte y comportarte si no tuvieras ese miedo. Pregúntale a tu niño *si puede seguir dándote todos esos valores y habilidades, pero sin ese miedo que tanto te atemoriza.*

Cuando tu niño interior asienta, puedes abrazarlo. Dile *cuánto lo quieres y que no se preocupe, que siempre vas a estar con él. Siempre lo vas a proteger.* Como prueba de vuestro pacto, poco a poco lo vas a hacer pequeñito entre tus manos hasta meterlo dentro de tu corazón, porque a partir de este momento el niño va a vivir allí.

Ahora, muy lentamente, te vas a despedir de tu niño, pero sabiendo que lo llevas dentro de ti y que nunca más te separarás de él.

A tu ritmo, puedes ir volviendo a sentir el espacio que ocupas allá donde te encuentres. Vuelve a centrar la atención en la respiración. Siente de nuevo el contacto con tu cuerpo, moviendo lentamente pies y manos. Cuando estés preparado, sin prisas puedes abrir los ojos.

«El niño herido no es solo nosotros; puede que represente a numerosas generaciones de antepasados. Puede que nuestros padres y nuestros antepasados sufrieran toda la vida y no supieran cómo cuidar del niño herido que había en su interior, así que nos lo han dejado a nosotros. Por eso, cuando abrazamos al niño herido que hay en nosotros, abrazamos a todos los niños heridos de las generaciones pasadas. Esta práctica no nos beneficia solo a nosotros, sino que también sirve para liberar a innumerables generaciones de antepasados y descendientes».

THICH NHAT HANH, *El arte de comunicar*

Nuestros progenitores también albergan un niño herido en su interior. Provienen de historias similares o peores que las nuestras, sin sanar, a veces sin tener siquiera consciencia de ellas. Por lo tanto, hacen lo mejor que pueden y que saben. Desde esta limitación, nos educan y nos quieren con un amor incondicional condicionado por cómo se aman a sí mismos. Así, crecemos, fieles al cuarto mandamiento, *honrando a nuestro padre y a nuestra madre, pero olvidando honrarnos a nosotros mismos.*

Tomar conciencia de todo esto nos permite sanar los lazos familiares, dejando de repetir la misma historia de generación tras generación. Si rompemos con la inercia de los traumas familiares, al mismo tiempo liberamos a todo el clan, sin traspasar esa pesada mochila a nuestros descendientes.

Vivir con alegría y felicidad hará aumentar la compasión hacia nosotros mismos, hacia nuestros progenitores, hacia nuestros descendientes y hacia todos los seres vivos del planeta.

EJERCICIO: UNA HISTORIA, DOS GUIONES

Imagina que vas al cine y que la película que ves es la de tu vida. Esa historia está escrita, dirigida y narrada por tus padres. Ellos son los autores del guion. Es posible que te haga sentir incomodidad, impotencia o injusticia por lo que dicen de ti, aunque, en realidad, tampoco tanto porque estás bastante acostumbrado a escuchar eso mismo.

No obstante, ahora te sugiero que imagines que durante tu infancia hubieras tenido un testigo amigo, un observador de tu vida, una persona que llevara el registro de cómo te sentías en cada una de las situaciones, que anotara todo lo TÚ vivías. Ahora imagina que este guion estuviera hecho ***desde tu punto de vista.***

La película, sin duda, sería otra, ¿verdad? La misma historia y dos puntos de vista.

¿Cuáles son los guiones de tu vida?

El guion de tu vida según tus padres:

____

____

____

____

____

____

____

Tu propio guion:

____

____

____

____

____

____

____

EJERCICIO: RESPIRA Y SUELTA

La respiración es la magia que nos conecta con la vida. Es el vehículo que nos devuelve al cuerpo, a los sentimientos y a la mente. Las personas respiramos de forma automática, sin ser conscientes de ello; por eso, en ocasiones encontramos dificultades para vivir el momento.

Este ejercicio trata de devolverte al presente. Solo en el ***aquí y ahora*** podemos conectar profundamente con la vida. Al respirar de forma consciente establecemos nuestra verdadera presencia. De esta manera, le decimos al cuerpo que estamos con él, que estamos en él. Nos conectamos profundamente con nuestro cuerpo, nuestras emociones, nuestra mente y nuestras percepciones. Solo en ese estado de conexión podremos transformar lo que nos propongamos. Si queremos reconciliarnos con las personas que nos hayan hecho daño, tenemos primero que cuidar de nosotros mismos. Si no somos capaces de escucharnos, ¿cómo vamos a escuchar a los demás? Debemos primero reconocer nuestro sufrimiento, para poder reconocer el de los demás y, así, cultivar nuestra compasión.

Practica observar tu respiración. Practica siempre que puedas. Observa tu inspiración y tu exhalación. Obsérvala a todas horas, mientras descansas, mientras comes, mientras te aseas... Pon tu atención en el cuerpo, en la mente y solo respira.

Puedes decirte:

- Al inspirar soy consciente de mi cuerpo.
- Al exhalar, libero la tensión de todo mi cuerpo.
- Al inspirar soy consciente de mi inspiración.
- Al exhalar, soy consciente de mi exhalación.

5

NO MATARÁS TU TEMPLO

~~NO MATARÁS~~

«Tu cuerpo es templo de la naturaleza y del espíritu divino. Consérvalo sano, respétalo, estúdialo, concédele sus derechos».

HENRI-FRÉDÉRIC AMIEL

Desde que tengo uso de razón, recuerdo a mi madre con dolores de espalda y achaques del corazón, y a la vez como el perfecto ejemplo de fortaleza y salud. «Si yo me escuchara, no me levantaría de la cama!», decía. «¡Un paracetamol y a funcionar! ¡Al cuerpo hay que darle lo contrario de lo que pide!», repetía una y otra vez. Así que desde pequeña aprendí a tirar para adelante sin prestar demasiada atención a las señales del cuerpo.

Por fortuna, no he tenido enfermedades graves en mi vida, aunque me he quedado clavada de la espalda aproximadamente un centenar de veces. Creía que la espalda y yo éramos entes separados, algo así como un enemigo que aparecía para obstaculizarme el camino. ¿Cómo era posible que el cuerpo, siendo mi vehículo, no me llevara allá donde mi mente deseaba?

Entendí, entonces, que el cuerpo es mucho más que un vehículo. Nuestro cuerpo es nuestro templo y, como tal, es un lugar sagrado que guarda la esencia de nuestro verdadero ser. Permite que el alma se exprese en el plano físico y experimente la vida, aquí y ahora, tal y como la conocemos.

Por eso es necesario aprender a escucharlo, dialogar con él, interpretar sus señales y nutrirlo adecuadamente. Nuestro organismo se extiende mucho más allá de nuestra piel. También somos un cuerpo energético. Somos seres biológicos y, asimismo, emocionales, mentales y espirituales.

UN MENSAJERO LLAMADO «SÍNTOMA»

Dicen Thorwald Dethlefsen y Rudiger Dhalke en su maravillosa obra *La enfermedad como camino* que, cuando negamos algo de nosotros mismos, el inconsciente emite una señal en forma de síntoma. Sin embargo, no solemos cuestionarnos de dónde procede el síntoma, sino que lo combatimos.

Una analogía de esto sería llevar el coche al taller por una avería que nos indica el piloto del salpicadero y que el mecánico, en vez de averiguar la causa de la avería, simplemente se limitara a apagar la luz del indicador.

¿De qué nos está avisando el piloto de nuestro cuerpo?

Un síntoma puede manifestarse de múltiples formas: depresión, angustia, ansiedad, dolencia, enfermedad, miedo, etc. Luchar contra el síntoma no es más que luchar contra el mensajero, contra «alguien» que nos trae una información.

El síntoma es como ese piloto del coche. Nos avisa de que algo no va bien y que debemos encontrar el motivo para armonizar todo nuestro ser.

Traducir un síntoma en su significado más profundo no está reñido con recibir el tratamiento médico adecuado. Al contrario, en muchas ocasiones es indispensable y necesario. Se trata de averiguar y comprender por qué y para qué aparecen determinadas alertas. Es necesario que tanto el cuerpo físico (de piel para adentro), como las emociones (lo que sentimos) y el cuerpo mental (lo que pensamos) estén alineados para conseguir lo que reza este mandamiento: no matar nuestro templo. Para eso, puede ser útil preguntarle a tu mensajero.

Pregúntale a tu mensajero

1. ¿En qué momento y en qué circunstancias apareció el síntoma?

En ocasiones, aparecen síntomas en momentos y circunstancias clave para nosotros. Pensar en cuándo y cómo aparecieron nos puede dar una pista de cuáles han sido los detonantes. Quizá nos sirva para entender, para reformular nuestra vida o para aceptar determinados hechos que no estamos aceptando. Por ejemplo, imagina que tienes insomnio. Matar al síntoma es tomar la pastilla para dormir. Sin embargo, preguntar al mensajero sería averiguar qué es lo que te quita el sueño. En este caso puede ser que tengas un exceso de preocupaciones, estrés o conflictos sin resolver.

A veces, también es bueno acudir a un profesional, psicólogo, terapeuta o *coach* para que nos ayude a descifrar al mensajero.

2. ¿A qué me obliga este síntoma?

Es posible que el síntoma te obligue a parar, a descansar, a no forzar, a respetar tu verdadera voluntad, a saber decir «no», a encontrar tus propios límites.

Piensa por un momento: ¿A qué te está obligando el síntoma? ¿Existe alguna manera de reformular tu vida, o aquello en lo que te sientes limitado, de manera respetuosa hacia ti mismo?

3. ¿Cuáles son los patrones de pensamiento arraigados al síntoma?

Muchos estudios han determinado que nuestra carga genética no solo transmite la información biológica a través de los genes, sino que también se transmite la información contenida en el inconsciente familiar. La psicoanalista francesa Françoise Dolto así lo afirmó: «Lo que es callado en la primera generación, la segunda lo lleva en el cuerpo», y es que en ese inconsciente residen todas las experiencias silenciadas. Los traumas suelen repetirse en la siguiente generación, hasta que la verdad encuentra una vía para hacerse consciente y resolverse.

Es normal que frente a experiencias traumáticas las personas reaccionen tratando de olvidar, sin embargo, este tipo de olvido no es real. En realidad, no se olvida sino que se reprime el recuerdo y, al final, todo lo reprimido retorna por una vía u otra. Por lo tanto, ampliar la mirada e investigar en los patrones familiares también nos puede dar otro punto de vista y entender cómo estamos reproduciendo esa información heredada del inconsciente familiar.

4. ¿Cuáles son los beneficios ocultos del síntoma?

En ocasiones, sin ser conscientes de ello, convertimos a la enfermedad en nuestra mejor aliada. Es posible que alguna vez hayas valorado las ganancias ocultas que proporciona: atención, cuidados, disponer de tiempo para ti o una buena excusa para no avanzar hacia tu objetivo o, incluso, para retener a ciertas personas a tu lado. Es un camino equivocado. Piensa si tus síntomas encubren alguna de estas opciones y, si es así, deberías reformularte la manera de conseguir aquello que quieres sin necesidad de hacerlo a través de la enfermedad. Tal vez necesitas renovarte, como el águila del siguiente relato.

La historia del águila: renovarse o morir

El águila es el ave de mayor longevidad de su especie; llega a vivir 70 años, pero para llegar a esa edad, a los 40 debe tomar una seria y difícil decisión.

Resulta que a los 40 años sus uñas se vuelven apretadas y flexibles, sin conseguir agarrar bien a las presas con las cuales se alimenta; su pico, largo y puntiagudo, se curva apuntando hacia su pecho; sus alas envejecen y se tornan pesadas y de plumas gruesas, de modo que se le hace muy difícil volar. Ante este panorama, el águila tiene dos alternativas: morir o enfrentar un doloroso proceso de renovación que dura 150 días.

Ese proceso consiste en volar hacia lo alto de una montaña y permanecer en un nido cercano a una pared de roca, donde no tenga la necesidad de volar. Mientras tanto, tiene que golpear su pico contra la pared hasta arrancarlo y esperar el crecimiento de uno nuevo, con el que tiene que desprender una a una las uñas de sus talones. Con los nuevos talones, se arranca sus viejas plumas y, finalmente, después de cinco duros meses emprende su famoso vuelo de renovación, que le otorga treinta años más de vida.

Como el águila, tú también puedes decidir no enfermar y matar tu cuerpo. En nuestra vida, muchas veces tenemos que retirarnos y comenzar un proceso de renovación, aunque sea difícil y doloroso. Para continuar un vuelo glorioso, hay que desprenderse de lo que ya no es útil, despertar ante la vida y comenzar así un proceso de reconexión.

Para ello, conectar con lo que realmente necesita tu cuerpo requiere mirar hacia dentro y recorrer un camino consciente. Somos un cuerpo físico, una mente, emociones y un espíritu; muchos cuerpos en un solo templo, una unidad, un todo. Asimismo, como individuos, pertenecemos a una sociedad y vivimos en un único y maravilloso planeta. Por lo tanto, no matar nuestro templo requiere aportar luz, darnos cuenta de que somos seres integrados en la totalidad de la que formamos parte y cultivar hábitos saludables en la alimentación.

Pasos para iluminar tu templo

1. Haz de tu alimentación algo sagrado

Cultivar el hábito de llevar una nutrición equilibrada es fundamental para no matar nuestro templo. El alimento no solo nutre el cuerpo, sino también el alma. Alimentarse de forma consciente es una forma de vida. Cuando pasamos de comer por necesidades emocionales a hacerlo de forma consciente, nos sentimos mejor. Es como si recuperáramos el control sobre lo que comemos y cómo lo comemos y, por lo tanto, sobre nuestro cuerpo.

No obstante, en ocasiones sentimos un vacío interior y tratamos de llenarlo con la comida, nos sentimos empujados a comer sin hambre porque, en realidad, tenemos la necesidad de calmar la ansiedad, la frustración o el miedo. Por tanto, empieza por reconocer los estados emocionales que te empujan a comer de forma compulsiva o perjudicial y busca la mejor manera de gestionarlos.

En principio, se trata de discernir a qué causa responde nuestra sensación de hambre. Si identificas que no es hambre real, puedes sustituirla por hacer una relajación, beber agua, dar un paseo consciente, cantar, bailar, expresar o hacer aquello que necesite tu ser.

También es importante prestar atención a los alimentos que ingerimos, ya que no solo nutren nuestros órganos vitales, sino que nos aportan el nivel de energía óptimo. Tú sabes mejor que nadie qué te favorece y te sienta bien, y es que cuanto mejor comemos, mejor nos sentimos.

Aunque existen dietas para todos los gustos y creencias, para que una alimentación sea saludable y equilibrada lo importante es que contenga todos los nutrientes necesarios para nuestro organismo. Hay un rasgo común en cualquiera de las pautas, y es que los alimentos que ingerimos deben ser lo más naturales y orgánicos posibles. Por eso hay que evitar la bollería industrial, los alimentos procesados o precocinados, los fritos, las grasas saturadas, las harinas refinadas, el exceso de azúcar y sal, los embutidos o carnes procesadas, la leche de vaca y, por supuesto, las sustancias nocivas como el alcohol y el tabaco.

Pero hacer de la alimentación algo sagrado no solo incide en qué comemos, sino en cómo lo comemos. Por eso, puedes tomar nota de pequeños hábitos que te ayudarán a comer de forma consciente, a disfrutar de la alimentación y potenciar la salud:

- **Permanece tranquilo durante la comida.** El estado mental es casi tan importante como lo que ingieres. El alimento tiene un efecto distinto si lo comes con alegría que si lo haces con tristeza y preocupación, ya que incluso el alimento más sano puede sentarte mal.

- **Tómate tu tiempo.** Es recomendable comer despacio y saborear la comida, pues la digestión empieza por la boca. De esta manera, ayudarás a estimular el flujo de saliva y otros jugos digestivos. Deléitate con los sabores, como si los descubrieses por primera vez.

- **Come con moderación**. Diversos estudios demuestran que no llenar demasiado el estómago favorece la digestión y aumenta el flujo de energía.

- **Aliméntate de forma consciente.** Comer es una perfecta oportunidad para entrenar tu atención, así que «come mientras comes», sin mirar pantallas, sin realizar ninguna otra actividad que te impida prestar atención. Simplemente, pon el foco en la textura de los alimentos, percibe lentamente su sabor, concéntrate en los olores y en la mezcla de colores. Deja que todos tus sentidos estén presentes.

- **Agradece.** Acepta cada alimento como un regalo de la naturaleza y da las gracias por la oportunidad de alimentarte una vez más.

2. Controla tu respiración

Con el primer aliento, llegamos a este mundo como seres independientes del cuerpo de nuestra madre y continuamos respirando de forma completa cuando aún somos bebés, porque confiamos en la vida. Pero, con el transcurso de los años, cuando vamos adquiriendo experiencia, nuestra respiración se va alterando. En muchas ocasiones, incluso, se vuelve incompleta o entrecortada. Normalmente, eso ocurre cuando aparece el miedo o la ansiedad, como si de alguna manera se apoderara de nosotros esa incapacidad de caminar por la vida de forma libre e independiente.

Todo pensamiento crea una emoción y toda emoción tiene un desenlace en el cuerpo. Si, por ejemplo, nos sentimos estresados porque estamos pensando en todo el trabajo que nos queda por hacer, ese pensamiento creará una emoción, de agobio o ansiedad, que provocará que el cuerpo se tense, que respiremos de forma entrecortada y rápida, que sintamos la falta de aliento y que segreguemos determinadas sustancias químicas como la adrenalina o que el corazón bombee más rápido.

Afortunadamente, disponemos de diversas técnicas para recuperar el equilibrio de nuestro templo y una de ellas es entrenar nuestra conciencia respiratoria.

Respiramos de forma automática, sin prestar demasiada atención y sin saber que en ella reside la clave para templar el cuerpo y controlar la mente. Ser conscientes de nuestra respiración y entrenarla nos ayuda a cambiar nuestro estado de ánimo y a afrontar las situaciones de una forma más óptima. La respiración es nuestra mejor maestra, ya que nos permite centrar los sentidos en el momento presente y observar cómo fluctúa la mente.

Ahora la ciencia ya lo avala, pero los yoguis llevan más de 5.000 años practicando la respiración consciente, como uno de los principios más profundos del yoga. Nos permite eliminar las tensiones corporales que obstruyen el equilibrio del organismo y ver más allá. La respiración es un puente que une el cuerpo y la mente.

A nivel biológico, además, tiene innumerables beneficios: la oxigenación de los pulmones, con lo cual aumenta la cantidad de sangre; la eliminación de toxinas; la mejora de nuestro sistema nervioso y de nuestros órganos internos; el rejuvenecimiento de la piel y las glándulas, sobre todo las pituitarias y las pineales, etc. Hay un proverbio zen que dice: «Dejar ir o ser arrastrado». La diferencia está en prestar atención a la respiración o no hacerlo.

En el capítulo 3, te animo a que practiques la respiración detallada. Cada vez que respires, piensa en la inspiración y en la exhalación como un arte, una analogía entre dar y tomar, recibir y soltar, o permitirte que entre lo nuevo y desprenderte de lo viejo.

3. Muévete para integrar cuerpo, mente y espíritu

Baila, camina, corre, nada, salta, juega, pedalea o practica yoga, pero hazlo conectando con tu cuerpo, tu mente y tu espíritu. Dedica, por lo menos, veinte minutos al día a mover tu cuerpo con conciencia. De esta manera, lo que hagas por tu cuerpo también beneficiará a tu mente y a tu espíritu.

Uno de los principios del yoga es *Ahimsa*, principio de la no violencia. Se trata de no ejercer la violencia en pensamiento o en acción, ni hacia uno mismo, ni hacia el resto de seres vivos. Cuidar del cuerpo físico es fundamental para no matar nuestro templo y así nos lo han legado millones de sabios buscadores de la verdad, a lo largo de miles de años.

Como profesora de yoga y devota ferviente de esta disciplina, puedo asegurar que la práctica de las *asanas* aporta autoconocimiento, estabilidad y flexibilidad, así como salud y vigor tanto a nivel físico como mental. Vivir la postura es aceptar nuestras tensiones y ver qué nos dice nuestra respiración. Aprendemos a entregarnos al momento presente porque la postura es la mejor metáfora del equilibrio que necesitamos en nuestra vida.

4. Permítete parar y descansar

Parar y descansar sin sentir culpa es uno de los grandes aprendizajes de la vida. En realidad, incluir el descanso es un derecho y un deber para no matar nuestro templo, y deberíamos incluirlo en nuestra agenda de prioridades.

Muchos de nosotros nos identificamos con la acción porque, en el fondo, escondemos la creencia de que hacer algo productivo de forma sostenida es lo correcto. Por lo tanto, no hay lugar para perder el tiempo, ni tiempo que perder. De lo contrario, aparece ese molesto sentimiento de culpa con el que no sabemos lidiar. Así que, con tal de evitarlo, preferimos seguir creyendo que parar o descansar no está hecho para nosotros y seguimos haciendo algo que sea reconocido, valorado por los demás, que sea útil, que resuelva, que genere dinero, que organice o incluso que limpie.

El descanso físico y mental es vital para nuestro bienestar. De lo contrario, llega un momento que el cuerpo se resiente y nos emite signos como estrés, cansancio, dolor e, incluso, a nivel emocional: desánimo y desilusión. Estas señales, si se sostienen en el tiempo, pueden deteriorar nuestro sistema inmunológico u otros órganos, y provocar que el cuerpo enferme.

Así que te propongo encarar esa antipática sensación de culpa que aparece cuando paramos. Trata de observarla sin reaccionar. Mide las consecuencias y verás que el mundo no se desmorona porque pares. Si tienes que posponer alguna tarea, trata de planificarla en otro momento, pero te animo a que cumplas con tu palabra y la realices cuando toca, de modo que el descanso no se convierta en algo negativo, como la procrastinación, es decir, no hacer las cosas cuando tocan.

5. Cultiva el estado de contento

Sentirse contento es sentirse contenido en algo más grande. La alegría interior es aquella que no depende de las circunstancias exteriores y se consigue estando presente, en el aquí y ahora.

El estado de contento nace de una profunda aceptación de quiénes somos y nuestras circunstancias vitales. Se trata de una aceptación intensa y real.

Vivimos en una sociedad que nos hace constantemente desear más y más. Queremos llenarnos de cosas externas y no caemos en la cuenta de que el verdadero estado de alegría nace en el interior. Seguramente lo hemos oído mil veces y la realidad es que no podemos desligar esa satisfacción de lo que ocurre en el exterior: «Si consigo tal meta, me siento bien. Si mi relación de pareja funciona, la vida me sonríe. Si puedo tener un mejor coche, o una casa más grande, o un mejor trabajo, o más éxito, o más *likes*… o, o, o…».

Piensa por un momento: ¿A qué está ligado tu estado de *contento*? ¿Parte de una satisfacción real o está ligado al hecho de *ser, tener* o *hacer*? Este puede ser un buen punto de partida para cultivarlo: la toma de conciencia.

El siguiente paso requiere de un cambio profundo. La alegría es una emoción expansiva que surge del interior, nada tiene que ver con el exterior. Está totalmente relacionada con nuestros pensamientos y emociones. Por lo tanto, para conectar la alegría es importante que practiquemos el hecho de estar presentes en todo aquello que llevemos a cabo, dar valor a las pequeñas cosas y agradecer cada una de ellas.

Esto no quiere decir que dejemos de lado nuestras metas, o que tengamos que vivir de forma miserable. Se trata de cambiar nuestra actitud hacia la sencillez y la simplicidad de la vida.

Entrena tu cuerpo, tu mente y tu respiración para anclarte en el presente. Concéntrate en todo aquello que llevas a cabo a lo largo del día, como si lo hicieras por primera vez. Siente que cada segundo de la vida es un milagro y una bendición.

MEDITACIÓN PARA CULTIVAR EL ESTADO DE «CONTENTO»

Te animo a que empieces el día practicando la respiración consciente y escaneando todo tu cuerpo. Intenta visualizarte de piel para dentro y, posteriormente, observa tu cuerpo energético. Observa tus pensamientos: ¿son negativos o positivos? Observa cómo te sientes si te aferras a alguno de ellos. Experimenta la emoción en el cuerpo. Después céntrate tan solo en la respiración y deja ir cada uno de los pensamientos. Observa cómo vienen y van, simplemente mantente en la postura de un observador. Date cuenta de que tú no eres tus pensamientos ni tus emociones.

Sal de este estado tomando unas respiraciones profundas y, al finalizar, agradece. Agradece cada pequeño detalle: el hecho de haber despertado y de estar vivo, las personas que te rodean, cada una de las cosas que te hacen la vida más cómoda, todas las experiencias, el lugar en el que vives, el aire que respiras, el planeta en el que habitas... y repítelo antes de acostarte tantas veces como quieras. Cuanto más agradecido te sientas, mayor será tu sentimiento de satisfacción y de contento.

6

COMETERÁS ACTOS PUROS

~~NO COMETERÁS ACTOS IMPUROS~~

«Cuida tus pensamientos porque se convertirán en tus palabras. Cuida tus palabras porque se convertirán en tus actos. Cuida tus actos, porque se convertirán en tus hábitos. Cuida tus hábitos, porque se convertirán en tu destino».

MAHATMA GANDHI

Cada 31 de diciembre, cuando el año toca a su fin, es el momento perfecto para hacer balance de los 364 días que dejamos atrás. También suele ser el momento idóneo para plantearse nuevos propósitos. Sin embargo, cuando llega esta fecha y revisamos todo aquello que nos propusimos, a veces nos sentimos frustrados porque no conseguimos materializar ninguna de nuestras intenciones.

Nuestros propósitos pueden llegar a convertirse en nuestros mejores maestros de vida. El impulso que sentimos para alcanzar o realizar algo, en muchas ocasiones es una fuente de autoconocimiento, pero ¿por qué razón no conseguimos llevarlos a cabo?

El águila que se creía gallina

Anthony de Mello cuenta en *El canto del pájaro* que un hombre se encontró un huevo de águila y lo colocó en el nido de una gallina de corral. El aguilucho fue incubado y creció con la nidada de pollos.

Durante toda su vida, el águila hizo lo mismo que hacían los pollos, pensando que era uno de ellos. Escarbaba en la tierra en busca de gusanos e insectos, piando y cacareando. Incluso sacudía las alas y volaba unos metros por el aire, al igual que los pollos. Después de todo, ¿no es así como vuelan estas aves?

Pasaron los años y el águila se hizo vieja. Un día divisó muy por encima de ella, en el límpido cielo, una magnífica ave que flotaba elegante y majestuosamente entre las corrientes de aire, moviendo apenas sus poderosas alas doradas.

La vieja águila miraba asombrada hacia arriba:

—¿Qué es eso? —le preguntó a una gallina.

—Es el águila, el rey de las aves —respondió la gallina—, pero no pienses en ello. Tú y yo somos diferentes.

De manera que el águila no volvió a pensar en ello y murió creyendo que era una gallina de corral.

¿SOY UNA GALLINA?

Para conseguir lo que siempre has querido no es suficiente con actuar correctamente y dar los pasos necesarios, también requiere un cambio de mentalidad, de valoración de uno mismo y de fuerza de voluntad.

¿Has pensado alguna vez que quizás eres un águila real en vez de una gallina? Y es que si te crees gallina... realizarás cosas de gallina y tus actos no podrán ser puros. Es decir, no serán acordes a tu esencia de águila. Así, cualquier intención que tengas puede que no la lleves a cabo porque en realidad pienses que no puedes.

Razones por las que te sientes gallina:

- **Te pusieron etiquetas erróneas.** De niños, sin saberlo, nos creímos la imagen que los adultos daban de nosotros. Frases negativas como: «eres un desastre», «no te lo mereces», «no vales para nada», «te vas a caer» o «eres tímido, inseguro, callado, malo, vago, rebelde, nervioso, miedoso, distraído», etc., hicieron que adoptáramos esas etiquetas como propias y nos alejáramos de quienes éramos realmente.

  O quizá te pasó todo lo contrario y creciste con elogios del tipo: «todo lo hace bien»; «es un niño muy bueno»; «nunca llora»; «siempre saca sobresalientes»..., y otras frases positivas que pueden tener un efecto devastador, porque a menudo provocan un miedo atroz a no estar a la altura de las expectativas.

Sea como fuere, las etiquetas son peligrosas, porque funcionan como profecías que van generando indefensión.

Por lo tanto, detente por un momento, coge boli y papel, y trata de responder a las siguientes preguntas: ¿Qué etiquetas llevo?; ¿Qué adjetivos me han acompañado a lo largo de mi vida?; ¿Quién me los puso y por qué?; ¿Cómo me han limitado?; ¿Cuáles me han sido útiles y ya no lo son?

- **No te reforzaron lo suficiente.** Decía Lenore Jacobson que «detrás de cada niño pequeño que cree en sí mismo, se encuentra una madre o un padre que creyó primero». Existe un experimento llamado «Pigmalión en las aulas» de Rosenthal y Jacobson, en el que se tomaron una serie de alumnos al azar y se informó falsamente a los profesores de que tenían altas capacidades. Al finalizar el curso académico, los investigadores pudieron constatar que estos alumnos obtuvieron un rendimiento superior a la media de la clase. De alguna forma, los profesores actuaron a favor del cumplimiento de estas expectativas. El problema es que este efecto Pigmalión puede funcionar de manera negativa.

La neurociencia dice que cuando alguien confía en nosotros, nos contagia esa confianza y activa las áreas cerebrales responsables de acelerar nuestro pensamiento, a la vez que se incrementa nuestra lucidez, nuestra energía y, por lo tanto, nuestra atención, eficacia y eficiencia. Por el contrario, si alguien no cree en nosotros, podemos sufrir el efecto opuesto. Si, por ejemplo, piensan de nosotros que somos vagos, solo se fijarán en las conductas que confirmen esa creencia y, por ende, acabaremos creyendo lo mismo.

Así que piensa por un momento: ¿Cómo creyeron en ti? Quizás ha llegado el momento de dejar todo eso atrás y actualizar quién eres en realidad.

- **Te atribuyes las dificultades de los demás.** Nuestra personalidad también se conforma a través de lo que vemos a nuestro alrededor. En ocasiones, nos atribuimos las dificultades de los demás y desistimos a la hora de perseguir o intentar algo porque otros no llegaron a lograrlo. Por ejemplo, un amigo ha desistido de unas oposiciones para las que estaba estudiando, y nos dice: «Lo dejo, son demasiado difíciles». Y tomamos ese «son demasiado difíciles» como una verdad universal que también nos afecta a nosotros.

  Así que intenta darle la vuelta. Fíjate en los modelos contrarios que te aporten la creencia: «Si tú puedes, yo también».

ERES UN ÁGUILA REAL: ¡VUELA!

«La cultura y la educación influyen en la toma de decisiones y en la percepción de la realidad de cada persona».

PIERGIORGIO M. SANDRI

Existen muchos condicionantes que han programado tu manera de ver la realidad. Si eres un águila y estás viendo la realidad desde los ojos de una gallina, ¿no será que alguien alguna vez te dijo que eras una gallina?

Tu manera de ver la vida es una interpretación muy alejada de cómo es la realidad.

Nuestra programación (educación, experiencias, cultura, etc.) hace que percibamos la vida de una determinada forma. He dicho bien: «forma» porque no percibimos la realidad tal cual es. Voy a tratar de explicarlo con un ejemplo muy simple. Si yo aprendí de pequeña que las serpientes son peligrosas, cuando vea una serpiente sentiré miedo, pensaré en ella como algo desagradable y mi reacción será correr o apartarme. Sin embargo, si mis padres eran biólogos o amantes de la naturaleza y aprendí que las serpientes son seres hermosos y que no todas son peligrosas, sentiré fascinación y pensaré en la suerte que he tenido de encontrarme una en mi camino. Si no es una especie peligrosa, mi conducta será la contraria.

Las creencias son pensamientos que cada uno de nosotros acepta como verdaderos. Nos basamos en esas ideas que creemos ciertas para emprender acciones. A su vez, dichas acciones generan resultados compatibles con la creencia y, como un pez que se muerde la cola, obtenemos resultados que refuerzan la creencia inicial.

Por lo tanto, para que tus actos sean puros debes prestar atención a tu sistema de creencias. Cuando me puse a escribir este libro, abandonaba la escritura una y otra vez. Siempre encontraba algo mejor que hacer. A pesar de tener los recursos necesarios (tiempo, formación, herramientas, documentación, etc.), nunca llegaba a cumplir mi objetivo. Muchos colegas de profesión me sugerían que creara el hábito, es decir, que pasara a la acción. Lo intenté. Me sentaba durante horas y me levantaba la mitad de ellas. Por más que lo intentaba, no lo lograba y, cuando lo hacía, no me gustaba el resultado. Como consecuencia, dedicaba la mayor parte del tiempo a documentarme e investigar. Y así se me iban las horas. Al final, encontraba mil y una excusas para no escribir. Cualquier cosa antes que sufrir la pesadilla de intentarlo. Lo peor de todo es que tenía que vivir con el remordimiento de no estar haciendo lo que quería hacer. Vamos, ¡un gasto de energía tremendo!

Pero como este libro va de lo que va y realmente quería escribir, decidí aplicarme el cuento. Me puse a revisar mis ideas y pensamientos acerca de escribir un libro y, ¡bingo!, me topé de bruces con mi saboteador interno. Encontré algunas creencias que obstaculizaban mi camino por completo: «no soy lo suficientemente buena para ofrecer algo que el mundo quiera leer»; «¿quién soy yo para decir tal o cuál cosa?»; «no voy a aportar nada nuevo que otros no hayan dicho ya»; «tengo que hacerlo perfecto»; «si no me sale a la primera, es que no valgo», etc.

¿Cómo iba a cumplir mi propósito con ese tipo de pensamientos? Lo único que conseguía eran resultados que reafirmaban que no merecía la pena. Si yo creo que no soy buena, no me sentiré capaz de hacer algo bueno. Si pienso que mi punto de vista no tiene interés, no me atreveré a plasmar lo que realmente quiero decir. Si creo que no voy a aportar nada nuevo, directamente no escribo, porque ya existen muchos libros en el mercado. Si pienso que tengo que hacerlo perfecto, me quedaré completamente inmóvil. Y si, además, a todos estos pensamientos cenizos le sumo que me tiene que salir a la primera... ¡inmovilización total!

Cambia tus creencias y tus actos serán puros

A pesar de que el capítulo 9 trata íntegramente acerca de las creencias, me gustaría avanzarte que todo lo que te dices a ti mismo tiene una importancia extraordinaria. Así como piensas, dices y sientes es como creas tu futuro. Decía Henry Ford que «tanto si piensas que puedes, como si piensas que no puedes, estás en lo cierto». Si quieres conseguir algo, es necesario que creas en ti. De lo contrario, tu inconsciente intervendrá para que no dediques el esfuerzo necesario. Te animo a que pienses en esos propósitos que tienes en mente y analices qué creencias están obstaculizando que los lleves a cabo:

1. **Escribe detalladamente las creencias** que te están impidiendo cumplir con tus propósitos. En ocasio-

nes, el hecho de plasmar en un papel nuestra forma de pensar hace que seamos conscientes de ello. Es posible que con este simple ejercicio observes con más perspectiva y puedas desafiar esos límites. Si no es así, te invito a que sigas los siguientes pasos.

2. Ahora que eres consciente de esas creencias, **anota las consecuencias** para cada una de ellas. Si crees o piensas de determinada manera, ¿cuál es la conducta asociada?

   Byron Katie propone en su método «The work» cuatro preguntas para desmontar las creencias, así que te animo a anotar la respuesta para cada una de ellas:
   * ¿Es eso verdad?
   * ¿Tienes la absoluta certeza de que eso es verdad?
   * ¿Cómo reaccionas, qué sucede, cuando crees ese pensamiento?
   * ¿Quién serías sin ese pensamiento?

3. **Agradece esas creencias.** Aunque no lo creas, esas ideas o pensamientos te están manteniendo a salvo. Cuando yo tenía miedo a escribir porque creía que a nadie le iba a interesar, en realidad, me estaba protegiendo de ser juzgada o de hacer el ridículo. Así que pregúntate: ¿De qué te estaban protegiendo esas creencias?

4. **Abraza ese miedo** como abrazarías a un niño. Ahora que lo conoces, entiende que tener miedo es

algo normal. Simplemente acéptalo y sigue caminando. Acompáñate como acompañarías a un niño que tiene miedo a la oscuridad. No hay nada malo en la oscuridad, en realidad no hay nada que temer, aunque lo temas. Sé consciente de que ese miedo se creó en algún momento de tu vida para protegerte de algo. Quizás ha llegado el momento de confrontarlo y restarle poder.

5. **Instaura una nueva creencia potenciadora.** Si yo me digo que «a nadie le va a interesar mi libro», son evidentes las consecuencias que se derivan de este pensamiento. No obstante, aunque esa idea esté ahí, sé que no es del todo cierta. Paralelamente, me puedo decir que «este libro va a ayudar a las personas que lo necesitan». De esta manera, instauro una nueva creencia que me alienta a escribir y hace que me sienta capaz. ¿Qué nuevas creencias quieres instaurar tú?

6. **Repite como un mantra la nueva creencia.** A todas horas, en todo momento. Sé consciente de los beneficios que tiene para ti esta nueva manera de pensar y siéntete listo para actuar.

Claves para pasar a la acción

Creer en ti es el primer paso para tomar acción. No obstante, una buena planificación es fundamental para cumplir nuestros propósitos. Estos pequeños consejos te ayudarán a formular mejor tu lista de inquietudes:

- **Aplica la regla de menos es más.** A menudo nos hacemos una lista interminable de propósitos que, en vez de alentarnos, nos llevan a todo lo contrario: a abandonar y sentirnos decepcionados con nosotros mismos. Así que prioriza lo que quieres y empieza por fijarte pocas metas. Esto hará más fácil la tarea de centrarte en ellas para trazarte un camino.

- **Eleva tu intención.** Piensa en cuáles son tus propósitos y para qué son importantes en tu vida. Pensar en PARA QUÉ queremos conseguir algo nos da una visión mucho más profunda de la razón por la que queremos hacerlos realidad. Recuerdo una vez que llegó a mi consulta una cantautora con dificultades para defender su nuevo disco. Había pasado mucho tiempo componiendo, grabando las canciones, diseñando la portada, involucrando a los mejores músicos e, incluso, reuniendo el dinero suficiente para poder llevarlo todo a cabo. Sin embargo, cuando ya tenía la obra entre sus manos, no sabía cómo darle el valor necesario. Su propósito partió de la idea de grabar ese disco, y lo consiguió. No obstante, todo cambió cuando consiguió **elevar esa intención**: ¿Qué había más allá de la idea de grabar ese disco? ¿Para qué lo hacía? Pudo darse cuenta de que había una razón mucho más elevada que grabar un disco. Su misión era concienciar a las personas sobre la importancia de cuidar del planeta a través de sus letras y tocar el alma a través de su música. Con esas intenciones se dio cuenta de que defender su obra ante el mundo ¡era mucho más que una meta! Era... un acto puro.

- **Desecha lo que no sea ecológico.** Puede que los propósitos que tengas en mente no sean tan factibles como crees. Piensa detenidamente si realmente puedes o estás dispuesto a hacer lo necesario. Analiza si ese nuevo comportamiento va a ser adecuado en todas partes, para todo el mundo de tu entorno, en todo momento y en todas las circunstancias. Si llegas a la conclusión de que sí, ¡adelante!, pero si crees que no es el momento te sugiero que lo deseches por ahora de tu lista. Todo aquello que piensas que «tienes que» hacer y no haces, contamina constantemente tu energía.

- **Asegúrate de que dependa lo máximo de ti.** Lo que no depende de ti, no debería preocuparte. ¿Qué es lo que sí depende de ti? Concéntrate en eso. Por ejemplo, si tu propósito es mejorar tu relación de pareja, no te concentres solo en lo que el otro tiene que hacer para que eso suceda, sino concéntrate en lo que tú puedes hacer. ¿Qué cosas harás para que la relación mejore?

5 pasos para hacer de tus propósitos una realidad

Existe una sencilla pero efectiva fórmula para ayudarte a diseñar tus propósitos y llevarlos a cabo. Se trata de convertir tus objetivos en inteligentes a través del método SMART. Esta fórmula contiene 5 pasos a través de su acrónimo que te ayudarán a aclarar tus ideas, enfocar tu esfuerzo, así como usar tu tiempo y recursos de la forma más efectiva.

S – (Specific). El objetivo debe ser eSpecífico. Piensa en tu objetivo de la forma más específica y concisa posible, así será más fácil cumplirlo. Si tu objetivo es demasiado grande, divídelo tantas veces como sea necesario para que sea concreto. Trata de responderte a las siguientes preguntas para precisarlo: ¿Qué es exactamente lo que quiero lograr? ¿Dónde? ¿Cómo? ¿Cuándo? ¿Con quién? ¿Cuáles son los obstáculos? ¿Para qué quiero lograrlo? ¿De qué alternativas dispongo para lograr lo mismo?

Cuando hayas respondido a todas estas preguntas, formúlalo en positivo. Por ejemplo, si lo que quieres es «ponerte en forma», trata de especificar al máximo: «Voy a correr 20 minutos al día, durante 30 días».

M – (Measurable). El objetivo debe ser Medible. Para saber si estás o no cumpliendo con tu propósito, tienes que poder evaluar su progreso estableciendo indicadores de medición. ¿Cómo sabrás que tu objetivo se cumple? Además de hacer un seguimiento del objetivo, también es una manera de trabajar la motivación. Si tomamos como ejemplo el anterior: «Voy a correr 20 minutos al día, durante 30 días», vemos que es fácil evaluar el progreso, ya que tu propósito cuenta con diversos indicadores como los 20 minutos al día y los 30 días que dura el objetivo.

A – (Attainable). El objetivo debe ser Alcanzable. Para que un objetivo esté bien formulado, debe ser asumible y realista. Muchas veces pecamos por marcarnos metas imposibles que nos llevan a la frustración. Hay que tener en cuenta y sopesar diversas variables, como el tiempo disponible, cómo afecta a tu vida, etc. De igual manera, piensa si dispones ya de las herramientas, recursos o habilidades necesarios, ya que si no es así, quizás el objetivo a formular deba empezar por ahí.

R – (Realist). El objetivo debe ser Realista. Tiene que ser lo bastante motivador para que te rete a la acción y lo bastante realista para no caer en la postergación. Además, debe estar alineado con tus valores para que te sientas bien llevándolo a cabo.

T – (Timely). El objetivo debe ser limitado en el Tiempo. Los objetivos SMART requieren de un plazo de tiempo realista para ser cumplidos. En muchas ocasiones, los plazos hacen que nos impulsemos a la acción. De lo contrario, si no contamos con un límite de tiempo, podemos postergar el objetivo hasta el infinito.

Ahora te propongo el siguiente ejercicio: anota tus objetivos uno por uno y conviértelos siguiendo la regla SMART. Puede ser que tengas que dividir alguno en varios microobjetivos para adecuarlo a esta fórmula.

OBJETIVO:

S - (específico):

M - (medible):

A - (alcanzable):

R - (realista):

T - (temporalizable):

MI OBJETIVO SMART:

MEDITACIÓN PARA ALCANZAR TUS OBJETIVOS

A continuación, te propongo un ejercicio para visualizar cómo logras tus objetivos. Se trata de crear un recuerdo de esa vivencia que te sirva de apoyo cada vez que lo necesites, siempre en positivo y en presente:

1. Busca un lugar cómodo y silencioso.
2. Cierra los ojos y centra la atención en tu respiración. Concéntrate en la inhalación y la exhalación durante unos minutos.
3. Cuando notes tu cuerpo relajado, visualízate en una situación en la que te gustaría estar o el logro que deseas alcanzar. Piensa en ese objetivo que quieres conseguir.
4. Observa la escena con todos sus detalles: los colores que te rodean, la luz, los sonidos y la temperatura.
5. Trata de incluir todas las sensaciones que tienes en tu cuerpo. ¿Cómo te sientes? ¿Qué ves? ¿Qué oyes?
6. Tómate el tiempo necesario para vivir esa sensación de haber logrado tu objetivo. Cuando consigas visualizarlo, te invito a que respires hondo y captures esa imagen. Grábala en tu mente como si fuera un recuerdo y ponle un nombre.
7. Vive esa sensación por unos momentos y, siempre que lo desees, podrás volver a ella.

7

NO TE ROBARÁS TUS SUEÑOS

~~NO ROBARÁS~~

«Ten cuidado con lo que riegas en tus sueños. Riégalos con preocupación y miedo, y producirás maleza que ahogará la vida de tus sueños. Riégalos con optimismo y soluciones, y cultivarás el éxito».

LAO TSU

Siempre he admirado a las personas que persiguen sus ilusiones, que siguen una vida llena de sentido, impulsadas por el entusiasmo y la pasión. Por fortuna, he tenido a mi lado al mejor de los maestros. Mi pareja y compañero de viaje es para mí un modelo en ese arte de soñar despierto. Un día, de niño, se enamoró de la música y... caminó y caminó hasta conseguirlo. A día de hoy es un gran y consagrado instrumentista. No obstante, no todos recordamos eso que un día soñamos y entonces... como dice Lewis Carroll:

«Si no sabes hacia dónde vas, tampoco sabes qué camino tomar».

Yo me pasé media vida caminando sin rumbo. Explorando un sinfín de experiencias, sin saber qué sendero escoger. Sin embargo, dentro de mí latía una fuerza mayor que gritaba por expandirse, por salir hacia fuera. No quedaba otra opción, había que bucear hasta encontrar esa razón de mi existencia. Ese motivo que cada día impulsa a tantas y tantas personas a saltar de la cama con la misma ilusión que un niño. Algo tan sencillo, pero tan vital, como descubrir un PARA QUÉ en la vida. El mío es tan simple e importante como que TÚ también lo consigas.

TODO ES POSIBLE

Hace un tiempo llegó a mis manos una de esas mágicas historias que te cambian la vida por completo: un libro fruto de una charla que dio la vuelta al mundo: *La última lección,* de Randy Pausch. El autor era un célebre profesor de Informática de la universidad estadounidense de Carnegie Mellon, colaborador también de la factoría Disney, a quien le pidieron que impartiera su «Última lección».

Por aquel entonces, la universidad organizaba conferencias bajo este lema y les pedía a los docentes más populares que pensaran en sus últimas palabras si fueran a morir al día siguiente. Lo que nadie sabía es que esa última lección de Randy Pausch sería literal, pues le habían diagnosticado un cáncer incurable que se llevó su vida por delante pocos meses después.

Las experiencias cercanas a la muerte son las que, en muchas ocasiones, nos hacen valorar lo esencial en la vida. Para Pausch, lo imprescindible en esos momentos eran su familia y transmitirle al mundo la necesidad de *perseguir los sueños de la infancia.* Te dejo una guía con sus recomendaciones:

- Debemos creer que **todo es posible**; nunca hay que abandonar esa ilusión.
- No importa la envergadura de tus sueños; lo que importa es **tu actitud ante ellos.**
- Si no puedes alcanzar tus sueños, **lograrás ya mucho intentando realizarlos.** Los *muros* con los que nos encontramos están ahí para demostrarnos cuánto queremos lograrlos.
- **Escoge estar alegre** hoy, mañana y los días que te queden.
- **La experiencia es lo que logras** cuando no consigues lo que quieres.
- **No te quejes**; eso nunca ayuda a hacer realidad tus sueños.
- **Trabaja duro** para alcanzar lo que deseas.
- **Diviértete y disfruta** del camino mientras llegas a tu destino.
- **Ten paciencia** y la gente te sorprenderá y te impresionará.
- **No te aferres a lo que otros** digan de tus sueños.
- **Confía, explora y sueña.** Y mientras tanto… **ayuda a otros** a alcanzar los suyos.

TU RAZÓN DE SER

Dicen Francesc Miralles y Héctor García en su famoso libro *Ikigai* que «según los japoneses, todo el mundo tiene un ikigai, lo que un filósofo francés traduciría como *raison d'être*. Algunos lo han encontrado y son conscientes de su ikigai; otros lo llevan dentro pero todavía lo están buscando». Los autores sostienen que «el ikigai está escondido en nuestro interior y requiere una exploración paciente para llegar a lo más profundo de nuestro ser y encontrarlo».

Muchas veces buscamos esa *razón de ser* fuera de nosotros mismos, en las circunstancias o en otras personas, sin embargo, ese sentido de la vida solo se encuentra en nuestro interior.

Ese propósito personal se convierte en un motivo por el que levantarse cada mañana, por el que sacrificar cosas que nos gustan, pero por encima de todo es lo que llena de sentido nuestra existencia. Muchas veces, construir ese propósito vital requiere tomar decisiones y, al mismo tiempo, renunciar a otras.

Puede que todavía no seas consciente de esa razón de tu existencia, ¡sé paciente! A veces, encontrar el sentido de nuestra vida simplemente requiere de hacerse las preguntas correctas.

Pre-GÚSTATE: 6 preguntas para encontrar lo que amas

1. **¿Qué soñabas hacer cuando eras niño?**

   De pequeños, creíamos que TODO era posible. Quizás imaginabas que eras un superhéroe que salvaba el mundo del mal; o una superestrella que brillaba con luz propia; o quizás un médico que ayuda a curar una difícil enfermedad… Sea lo que fuere que soñaras, te invito a que recuperes por un momento esa sensación limpia de creer en ti.

2. ¿Qué es lo que hace que pierdas la noción del tiempo?

Tolstoi decía que «El secreto de la felicidad no es hacer siempre lo que uno quiere, sino querer siempre lo que uno hace». Cuando amamos lo que hacemos, estamos en un estado de flujo con la vida. Es como algo que nace de dentro y simplemente nos hace sentir bien, en paz. Incluso nos divierte. Piensa por un momento: ¿Qué te hace disfrutar hasta el punto de olvidarte del ayer y del mañana? Para que puedas darte cuenta de lo que amas, pon atención a tus emociones e identifica esos momentos mágicos.

3. ¿Cuáles son tus mayores talentos?

Dice Mihayl Csikszentmihalyi en su obra *Flow* [Fluir] que «nacemos con un abanico de aptitudes, muchas de las cuales ni siquiera sabemos que las tenemos». Y es que todos en este mundo tenemos un don. Aunque no seamos conscientes de ello, tenemos uno o varios talentos que nos hacen únicos. Es posible que el tuyo sea muy visible, como, por ejemplo, alguna expresión de arte (pintar, escultura, escribir, interpretar, bailar, etc.) o bien una pasión por el deporte o por una profesión en concreto; o quizá sea algo que se te da bien hacer y aparentemente es invisible pero tan valioso como, por ejemplo, saber escuchar. ¿Cuál es tu talento?

Si no lo encuentras, prueba a preguntar a las personas que te quieren; seguro que ellas te ayudarán a identificar tus dones.

4. ¿Qué es lo que te produce satisfacción?

La satisfacción es ese estado de plenitud total, el motor de nuestras vidas. Muchas veces hacemos las cosas por inercia, sin tener una motivación clara de lo que hacemos o para qué lo hacemos. Sin embargo, justo es ahí donde reside la satisfacción. Aquello que te apasiona hacer o que te produce bienestar, crecimiento personal… ¿Qué te hace sentir así?

5. ¿Qué es lo que el mundo necesita de ti?

¡Cuánta razón tenía Descartes cuando decía que «hay una pasión superior a todas y es la satisfacción interior por el bien que hacemos a los otros»! Está claro que el mundo, nuestro planeta, nos necesita ¡y mucho! Sin embargo, pensar en grandes metas dificulta, en ocasiones, que lleguemos a hacer algo. Por eso, conviene empezar con pequeños pasos. Uno tras otro. Y así, gotita a gotita, se va formando un océano de acciones que suman y transforman. ¿Has pensado alguna vez cuál es tu regalo para el mundo? Si no se te ocurre nada de momento, simplemente ¡busca tu sonrisa! Porque los demás también se contagian de tu alegría.

6. ¿Podrían pagarte por ello?

Si logras encontrar tu propósito en la vida y vivir de ello, es maravilloso. Confucio decía: «Encuentra una actividad que te guste y no trabajarás ni un solo día más en tu vida». Y, sin duda, así es. Nos pasamos la mayor parte de nuestro tiempo de vigilia trabajando, por lo tanto, ¿qué mejor que hacer algo que nos apasione? Si todavía no te planteas dar ese salto, puedes empezar poco a poco reservando algunas horas de tu tiempo para hacer de tu pasión algo más profesional. Si, por ejemplo, eres amante del yoga, quizá puedes reservarte algunas horas a la semana para impartir clases, o empezar a vender entre tus conocidos esos maravillosos pasteles, o dar clases particulares de tu instrumento... ¿Qué te gustaría hacer?

EL HÁBITO DE CUMPLIR TUS SUEÑOS

No importa que tu propósito sea de gran envergadura, como, por ejemplo, llegar a la Luna o ser una superestrella, o algo más sencillo pero fundamental como tener más autoconocimiento o saber disfrutar del momento. Sea cual sea tu sueño, alcanzarlo requiere de valor, perseverancia, dedicación y esfuerzo.

Las tecnologías han propiciado que nuestras vidas se aceleren: las comunicaciones, la información, la comida rápida, las relaciones digitales... Casi sin darnos cuenta, nos vemos inmersos en esta cultura de lo inmediato que nos ha vuelto adictos al corto plazo. Sin embargo, la vida tiene otros tiempos y, en esa vorágine, olvidamos que lo esencial no es el final del camino, sino lo que aprendemos durante el recorrido.

Cumplir nuestros sueños es un hábito a forjar día a día. Hay que ponerse en marcha y dar los pasos necesarios que acompañen a esa razón de ser. Ahí donde ponemos el foco, va nuestra energía. Por lo tanto, piensa por un instante: ¿Cuánto tiempo al día dedicas a tus sueños? A veces, pensamos que los sueños se cumplen como en los cuentos, olvidando que esa varita mágica que esperamos que nos toque la llevamos con nosotros.

PRÓXIMA ESTACIÓN: TUS SUEÑOS

Si emprendieras un largo viaje en tren, estoy segura de que te llevarías una mochila de provisiones. Pues bien, como se trata de la estación de tus sueños, te he preparado un pequeño pícnic para que lo consumas durante tu trayecto:

1. **Una cantimplora de razones.** Necesitas recordar por qué y para qué quieres alcanzar tus sueños. Esa motivación que hay detrás te ayudará a conseguirlos.

2. **Una ensalada de autoconfianza.** Necesitas creer en ti y pensar que lo que quieres es posible. Si

tu mente te recuerda constantemente que puedes, ¡por supuesto que podrás! Así que vence todas esas creencias que de antemano veas que te están limitando.

3. **Un bocadillo sin excusas.** Deja de lado los pretextos y sé valiente para cumplir tus sueños. No digas que «no es el momento adecuado», «soy demasiado mayor», «ya está todo inventado» o «tengo miedo al fracaso». Intenta todo lo que sea necesario y aprende de los errores. Si no sale como esperas, adquiere experiencia y disfruta del camino.

4. **Un batido de persistencia.** Las cosas se consiguen con trabajo y esfuerzo, con una suma de pequeños pasos. Mantenerse firme en el empeño es esencial para conseguir una meta.

5. **Una macedonia de fe.** Si pierdes la esperanza en lograr tu objetivo, dejarás de creer que puedes conseguirlo. Recuerda que una dosis de esperanza, acompañada del esfuerzo necesario, puede mover montañas.

6. **Una infusión de disciplina.** Seguir un orden en tu vida te ayuda a organizarte para conseguir tus objetivos. Por lo tanto, necesitas entrenar a diario ese hábito de alcanzar tus sueños.

Una fábula zen: cuando estés dispuesto, lo harás

Cuentan que en los confines de la tierra había un centenario anciano al que todos conocían como «el hombre más sabio del mundo». Llevaba décadas y décadas aislado de las gentes. Apenas unos cuantos habían tenido la suerte de acercarse a la inhóspita montaña donde habitaba y habían aprendido de él lecciones de vida que jamás olvidarían.

Al otro lado del río, bajando la montaña, vivía un joven inquieto que deseaba alcanzar algún día la sabiduría. Osado como pocos, decidió, ni corto ni perezoso, coger dos mudas, algo de comida y aventurarse a buscar al viejo anciano para que le ayudase en la noble tarea de convertirse también en sabio.

Ya estaba a punto de desfallecer, después de muchos días de intensa búsqueda, poco descanso y menos comida, cuando de repente vio a lo lejos la silueta de un hombre que estaba sentado mirando al infinito. ¡Allí estaba! Se acercó corriendo y, sin apenas aliento, le dijo:

—¡Maestro, maestro! Soy su noble servidor y me gustaría que me enseñase toda la sabiduría.

El anciano ni le miró. Siguió contemplando la maravillosa estampa de lo inabarcable. El joven pensó que no le habría oído y le repitió las mismas palabras, pero esta vez un poquito más fuerte.

La respuesta tampoco llegó, ante lo cual, el joven decidió coger al anciano por el hombro y mascullarle una vez más sus súplicas de conocimiento.

Esta vez, el viejo giró su cabeza y miró al joven a los ojos. Permaneció en silencio unos segundos más y después le dijo:

—¿Quieres conocer la sabiduría?

—Sí, señor —respondió el joven—. He venido a buscarle para eso.

—Bien, pues entonces acompáñame.

El viejo empezó a caminar, juntando las manos por detrás de su espalda. El joven le siguió, dejándole un metro de cortesía.

Veinte minutos después, llegaron a una pequeña catarata. El curso del agua dejaba a su paso una enorme charca en la que se detuvo el anciano.

—Quieres conocer la sabiduría, ¿eh? Pues bien, arrodíllate justo aquí, enfrente del agua —dijo el anciano.

El joven hizo lo indicado con ansiedad, deseoso de conocer de una vez por todas la anhelada sabiduría.

—Mira ahora el reflejo de tu rostro en el agua —le indicó el anciano—. Concéntrate en él.

Y eso hizo, hasta que notó cómo una fuerza descomunal le hundía la cabeza dentro de la charca. Era la mano del anciano, que, con un golpe seco, había hundido la cara del joven dentro del agua. El joven intentaba liberarse con todas sus fuerzas, pero era incapaz de levantar un palmo su cabeza.

Cuando estaba a punto de morir por asfixia, el viejo levantó la cabeza del muchacho, la sacó del agua y se limitó a sentarse en una roca al lado de aquel muchacho agonizante. Respirando una y otra vez con fuerza, tras llenar sus pulmones de aire, le preguntó al anciano:

—¿Por qué? ¿Por qué? ¿Por qué casi me matáis? ¿Qué mal os he hecho yo a vos?

El viejo, sin mirarle, le contestó:

—Dime una cosa: ¿Cuánto querías respirar mientras tenías la cabeza bajo el agua?

—¿Cómo que «cuánto»? ¡Todo! No quería nada más en este mundo. ¡Respirar! Eso era lo que deseaba, por encima de cualquier otra cosa —contestó el joven.

Bien, pues cuando desees la sabiduría de la misma manera, la conseguirás —concluyó el anciano.

«El futuro pertenece a quienes creen en la belleza de sus sueños», decía Eleanor Roosevelt. Algunas personas se sientan a esperar lograrlos, otras los alimentan de ilusión y esperanza, y solo algunas deciden sacar la cabeza del agua y se esfuerzan por hacerlos realidad.

Los grandes logros siempre empiezan con grandes quimeras, sin embargo, transformar esos anhelos requiere de determinación, constancia, osadía y compromiso.

Dicen que al ponerle fecha a un sueño se convierte en una meta y que si la divides en diferentes pasos se convierte en un plan, que a su vez apoyado en acciones se vuelve realidad. Como decía Pablo Picasso: «Cuando llegue la inspiración, que me encuentre trabajando», porque cuando uno se pone en marcha, el universo se encarga del resto.

8

NO TE ENGAÑARÁS

~~NO DARÁS FALSO TESTIMONIO NI MENTIRÁS~~

«Uno no se ilumina imaginando figuras de luz,
sino haciendo consciente la oscuridad».

CARL JUNG

Cuando juego con mi hijo al escondite, me pongo contra la pared, cuento hasta diez y espero a que se esconda. Siempre me sorprende porque no oigo movimiento, pero, de repente, escucho una vocecilla que grita: «¡Ya no estoy!». Me doy la vuelta, miro de reojo y lo veo en el mismo sitio. La diferencia es que sus pequeñas manos le cubren la cara. Me contengo la risa, disimulo y voy gritando por toda la casa: «¿Dónde está Leo? ¿Dónde está Leo?», hasta que sus ojos deciden ver de nuevo y, ¡chas!, aparece.

En cierto sentido, las personas actuamos de igual forma. Cerramos los ojos ante ciertos aspectos de nosotros mismos y así creemos que no existen.

NO TE ENGAÑES, ERES MÁS DE LO QUE CREES

Cuando éramos niños nos dimos cuenta de que para ser aceptados teníamos que ser de una determinada manera. Cualquier comportamiento que nos recriminaron, lo juzgamos como malo y decidimos esconderlo. Sencillamente, porque nos dimos cuenta de que algunos rasgos que formaban nuestra personalidad no encajaban con lo que se esperaba de nosotros. Así que decidimos mandar todo eso al inconsciente y evitar eso que tanto temíamos: *ser rechazados o no queridos.*

Por lo tanto, como reza este mandamiento: ¡No te engañes! Porque ese «yo» que construimos no es del todo lo que creemos. En realidad, tiene dos caras: la que mostramos al mundo y Jung llamaba «máscara» o «personalidad», y la que escondemos con nuestros miedos, vergüenzas, culpabilidades, etc., denominada «sombra».

SOMOS LUCES Y SOMBRAS, ¡ACÉPTATE!

Es imposible vivir plenamente sin integrar nuestras luces y sombras, ya que todos necesitamos ser nosotros mismos, desde nuestra máxima autenticidad.

El hecho de no reconocer e integrar nuestra sombra hace que no nos aceptemos. ¿Por qué? Porque tan solo nos estamos identificando con una parte de lo que pensamos y sentimos, sin mostrar(nos) ese otro lado que también nos pertenece, es decir, sin aceptar lo que somos.

Los seres humanos somos pequeños microcosmos que nos regimos por las mismas leyes que el universo. Una de ellas es la de la polaridad: aunque los polos sean opuestos, *se complementan.* Los filósofos taoístas lo explican con el conocido principio del Yin y el Yang. Expresa que cualquier cosa contiene su opuesto: el frío contiene el calor; la luz, la oscuridad; la salud, la enfermedad; la vida, la muerte; el día, la noche..., y en tu caso, las luces y las sombras.

Nuestra mente no contempla que somos un todo. Se identifica con un extremo y descarta el otro, porque en su día aprendió que un lado es bueno y el otro malo. De esta manera, descarta una parte y la manda al exilio: al inconsciente. Como el juego de los niños que narraba al principio, se tapa los ojos y cree que no existe.

Nuestro inconsciente está todo el tiempo tratando de mostrarse y, aunque no lo creas, se dedica a fastidiarte, boicotearte y hacerte sentir mal. Así que vamos a ponerle luz, porque con tanta oscuridad, la sombra campa por donde quiere.

La pantalla de cine

Imagínate que vas a ver una película. Estás a oscuras en la sala y la pantalla está en negro. De repente, el largometraje empieza. Se inicia la proyección. Uno de los protagonistas actúa de manera que te sientes incómodo. Hay algo en la historia que te altera, te duele y no entiendes muy bien el porqué. Quizá son tus juicios. ¡Tú nunca actuarías así! Sales del cine tocado, conmovido, dolido...

Pues bien, metafóricamente así es como se proyecta tu sombra. Necesitamos una «pantalla» para que la información de nuestro inconsciente se muestre y, normalmente, lo hace a través de algo o alguien que nos conmueve o impresiona, sea en positivo o negativo. *Todo aquello que rechazo o admiro en demasía en los demás, está en realidad en mí.*

Veamos un ejemplo:

Sergio es psicólogo y es un padre ejemplar. Cariñoso, paciente, educado, inteligente y devoto ferviente de la educación respetuosa. Cuando sale de trabajar, llega a casa dispuesto a cumplir con su mejor rol de padre. Quiere estar presente para jugar, no mirar el móvil, dedicar tiempo de calidad a su hijo, preparar una deliciosa cena, jugar durante el baño..., pero llega un momento en el que su hijo discrepa de sus tiempos, le reta y no hace las cosas cuando su padre se lo dice.

A Sergio, esa desobediencia literalmente le saca de quicio. Poco a poco, se va poniendo nervioso y la calma se convierte en un maremoto. Siente cómo progresivamente pierde el control hasta que estalla. Empiezan los gritos, las salidas de tono, las amenazas de castigo..., incluso alguna vez lo zarandea cuando no se quiere poner el pijama.

Sergio no logra entender cómo llega a perder los papeles con la persona que más ama en este mundo, porque su única intención es ofrecerle lo mejor de sí mismo.

Pues bien, este relato, seguramente muy común en todos los hogares, encierra una parte de Sergio oculta en su sombra. Unos atributos que también forman parte de él, pero que inconscientemente rechaza.

Sergio reconoce en sí mismo los rasgos que están a la luz, como la paciencia, el respeto, etc.; pero, a su vez, en la sombra posee otros, como el autoritarismo, el control, la rectitud, la dominación e incluso la violencia. Sin embargo, no acepta eso.

Así es que cuando su hijo se comporta de esta manera, proyecta en la pantalla (en su hijo) todos esos atributos que tiene en la sombra. Por lo tanto, juzga el comportamiento de su hijo como malo. Y es que si eres autoritario, recto, dominador verás como un reto que tu hijo no se quiera poner el pijama en el momento que se lo indiques.

Con esto no quiero decir que no tengamos que poner límites a los hijos, ¡faltaría más! No obstante, debemos reconocer los atributos que están en la sombra. Eso nos ayudará a no sufrir con determinadas situaciones y dejaremos de perder el control.

¿Qué debe hacer Sergio para hacer frente a esa situación? Traer a la luz lo que la sombra alberga. Saber que todos esos rasgos también forman parte de él. Porque como decía Carl Rogers: «La curiosa paradoja es que, cuando me acepto tal y como soy, entonces puedo cambiar».

Enciende la luz

Llegados a este punto debes sentir curiosidad por iluminar tu sombra. La verdad es que, aunque provoque resistencia reconocerla, *no hay nada mejor en la vida como el hecho de ser uno mismo.*

La literatura y la mitología nos han mostrado numerosos ejemplos. Uno de los más conocidos es el de Robert Louis Stevenson en su novela *Dr. Jekyll y Mr. Hyde.* Una obra que describe a la perfección y en extremo esta transformación. El Dr. Jekyll es un científico honorable y respetado que crea una pócima mágica que separa las cualidades positivas de las negativas. De esta manera, da paso a Mr. Hyde, un personaje perverso que disfruta dando rienda suelta a sus más bajos instintos. Esa es su sombra.

5 Pasos para reconocer tu sombra

William A. Miller en el libro *Encuentro con la Sombra* propone 5 interesantes pasos para reconocer nuestra sombra:

1. Solicita un **feedback** *sobre ti mismo a los demás*

¿Cómo nos ven los demás? Las personas que nos conocen bien pueden ayudarnos a descubrir nuestras facetas más oscuras. La opinión de los demás nos hace sentir amenazados, porque preferimos pensar que tienen nuestra misma visión, pero eso no nos permite avanzar. Pide opinión a las personas que mejor te conocen sin miedo. Y atrévete a cambiar lo que consideres conveniente.

2. Sé consciente de tus propias proyecciones

Todo aquello que nos molesta, nos inquieta, nos produce rechazo o, en el otro extremo, nos atrae, nos fascina o nos obsesiona es generalmente un reflejo de la sombra. Por lo tanto, nuestra tarea es reconocer y aceptar todos esos aspectos que rechazamos, pero forman parte de nosotros.

Es posible que este ejercicio te cause resistencia. Antes comentaba que era una de las características de la sombra. ¡No desistas, estás en el buen camino! Recuerda que, como dice Ken Wilber: «Hemos venido a ser completos, no perfectos».

Si quieres conocer tu sombra, puedes hacer una lista con todos aquellos rasgos que te fascinan o detestas de los demás y señalar sus características. Si, por ejemplo, detestas la envidia de forma exacerbada, pregúntate en qué medida sientes tú envidia o, dicho de otra manera, en qué aspectos te sientes inferior a los demás.

Cuando uno aprende a reconocer su sombra deja de proyectar hacia el exterior y empieza a responsabilizarse de lo que es en realidad.

3. Examina tus lapsus verbales y de comportamiento

Estos lapsus contienen una gran cantidad de información. Aquello que no quería decir, pero digo; o aquellas conductas que brotan de repente y parecen ser ajenas a la persona revelan aspectos de nuestro lado oscuro.

4. Observa tu sentido del humor y tus identificaciones

En ocasiones, el sentido del humor evidencia mucho más de lo que se ve a simple vista. Podríamos decir que habla en boca de nuestra sombra. Quienes carecen de sentido del humor y se divierten con pocas cosas, rechazan y reprimen en gran medida esa parte más oscura de sí mismos.

5. Analiza tus sueños y fantasías

Normalmente, la sombra aparece en nuestros sueños y fantasías como algo o alguien a quien temer o evitar. Sin embargo, si prestamos atención y logramos descifrarlos, obtendremos una valiosa fuente de información para conocernos mejor.

La siguiente fábula, *El tesoro de la sombra*, de Alejandro Jodoroswki, da cuenta, de una manera sugerente, del poder de la aceptación.

Estaba en un desierto.
Miró a la derecha y un árbol surgió a su izquierda.
Giró la cabeza hacia la izquierda.
El árbol desapareció para crecer a su derecha.
Ojeó hacia atrás, el árbol apareció delante.
Atisbó hacia delante, el árbol brotó atrás.
Cerró los ojos para ver si lo llevaba dentro y...
finalmente, se convirtió en ese árbol.

Ama tu sombra

Dice Mario Vargas Llosa que «nunca digas que amas a alguien si nunca has visto su ira, sus malos hábitos, sus creencias absurdas y sus contradicciones. Todos pueden amar una puesta de sol y la alegría, solo algunos son capaces de amar el caos y la decadencia». Cuando estamos en la fase de enamoramiento, solo vemos en la otra persona aquello que queremos ver. No obstante, eso no es amor. Amar(te) consiste en abrazar el todo, incluida esa parte más sombría, que TODOS tenemos.

Perdón (ARTE): El arte de abrazar tu sombra en 5 pasos

Toma consciencia de algún comportamiento que te moleste, una persona, una actitud, tus apegos, adicciones o algún patrón negativo que se repita en tu vida. A continuación, practica una y otra vez estos 5 pasos, inspirados en la Escuela del Perdón de Jorge Lomar:

1. **Siente lo que sientes.** Si tratas de escapar de lo que sientes, estás huyendo de ti mismo, así que haz todo lo contrario: deja que esa emoción se expanda por tu cuerpo y abraza eso que sientes. Sin que interceda el pensamiento, sin juicio, sin culpa.

2. **Responsabilízate.** Trata de entender que no es la situación la que te hace sufrir, sino tu interpretación de ella. El conflicto tan solo existe en tu mente. Tu programación es la que te hace darle esa lectura. Si aparece la culpa, trata de apartarla de tu mente.

3. **Sé humilde.** Pronuncia a menudo la frase «No sé». Intenta apartar de ti cualquier explicación, justificación o teorías al respecto de nada. No utilices lo que ya sabes y deja que la ignorancia te sirva de guía. *Un curso de milagros* dice: «No conozco el significado de nada, incluida esta situación. No sé, por lo tanto, cómo responder a ella. No utilizaré en mi pasado nada que me sirva de guía ahora. Así que, cuando aparezca cualquier pensamiento o razonamiento, como decía Descartes: «Solo sé que no sé nada».

4. **Pregúntate si quieres ser feliz o tener la razón.** Elige estar en paz y acepta(te) esos atributos que están en la sombra. Piensa que tienes otras formas de ver las cosas y otras maneras de actuar.

5. **Acepta(te) y agradece.** Entiende que esta experiencia tiene una lección para ti. Piensa que antes de echar la culpa a otro puedes aceptar la responsabilidad de tus pensamientos. Acepta esta nueva manera de ver las cosas y agradece poner luz en tu consciencia. Recuerda que, como decía Carl Jung: «Lo que niegas te somete, lo que aceptas te transforma».

MEDITACIÓN PARA ABRAZAR LA SOMBRA

1. Retírate a un lugar tranquilo y adopta una postura de meditación.
2. Centra tu atención en la respiración. Simplemente, concéntrate en la experiencia de inhalar y exhalar.
3. Nota cómo tu cuerpo físico se va relajando y siente la quietud de tu mente y tus emociones. Todo está en armonía y todo está en calma.
4. Trae a tu mente ahora una situación o una persona que te incomode en desmesura. Deja que esa incomodidad se expanda por tu cuerpo. Siente plenamente esa emoción. Permanece en ese lugar sin intentar huir.
5. Si viene algún pensamiento, déjalo marchar. Simplemente concéntrate en la emoción que te produce.
6. Trata ahora de abrazarla. Hazlo como abrazarías a un niño asustado. Imagínate por un momento que tú eres ese niño y que, como adulto, lo abrazas con amor. Siente cómo esa emoción te pertenece y abandona cualquier certeza que tengas. Aparta cualquier otro pensamiento o juicio que aparezca en tu mente.
7. Visualízate como un todo, un todo imperfecto. Con sus cosas buenas y sus cosas malas. Con sus luces y sus sombras.
8. Abraza la ira. Abraza la envidia. Abraza la rabia. Abraza el resentimiento. Abraza la frustración. Abraza la impotencia. Abraza la tristeza. Abraza la pena. Abraza la inseguridad. Abraza cualquier miedo que aparezca en tu mente. Esa es tu verdad. Tu naturaleza. Así que abraza todo eso.

9. Para terminar el ejercicio, date las gracias. Agradécete que siempre haces lo mejor que puedes. Lo mejor que sabes.
10. Agradece tu camino, que te permite seguir aprendiendo. Agradece que eres único e irrepetible.

Gracias, gracias, gracias.

9

NO SERÁS REHÉN DE TUS CREENCIAS

~~NO CONSENTIRÁS PENSAMIENTOS NI DESEOS IMPUROS~~

«Si cambias el modo en que miras las cosas,
las cosas que miras cambian».

Wayne Dyer

Había una vez una caravana de camellos que decidió pasar la noche en un oasis. Los conductores se dieron cuenta de que faltaba un poste para uno de los animales. Sin embargo, nadie quería pasar la noche en vela vigilando al camello, así que después de mucho pensar, uno de los hombres tuvo una idea.

Fue hasta el animal, cogió las riendas y realizó todos los movimientos como si lo atara a un poste imaginario. Después, el camello, convencido de que estaba fuertemente sujeto, se sentó y todos se fueron a descansar.

A la mañana siguiente, los desataron a todos para continuar el viaje. A todos menos uno: el que no tenía poste seguía sentado y, por más que tiraron de él, nadie logró moverlo. Finalmente, uno de los hombres se puso frente a él e hizo ver que lo desataba. Sin la menor vacilación, el camello se puso en pie creyendo que ya estaba libre.

LO QUE CREES CREA TU REALIDAD

Este precioso relato sufí nos ilustra cómo podemos llegar a ser rehenes de nuestras creencias.

Cuando llegamos a esta vida, nos empiezan a nombrar la realidad según la visión de los demás. Nuestros padres, educadores y la sociedad en general quieren que encajemos en el mundo para mantenernos a salvo. Como desean lo mejor para nosotros, nos dicen lo que está bien y lo que está mal. Sin capacidad para contrastar la información, acogemos esas interpretaciones como ciertas e intentamos encajar en ese molde. Además, como les admiramos y les necesitamos mucho, imitamos incluso su manera de ver la vida.

A partir de esas visiones heredadas y de nuestra propia experiencia elaboramos afirmaciones, pensamientos y juicios sobre el mundo y su funcionamiento. Como si nos engulléramos un manual de instrucciones que nos marca las reglas del juego.

El problema es que esas ideas que hemos ido interiorizando de forma inconsciente, sin darnos cuenta, dirigen nuestros actos y nos limitan. Si, por ejemplo, nuestros padres o cuidadores en alguna ocasión nos dijeron «si te portas mal, no te vamos a querer», se instala la creencia de que el amor de mis padres está condicionado por mi conducta. Por lo tanto, cuando crezca, es posible que mantenga esa idea y mi «manual interno» contenga algo así como: «para que los demás me aprueben, tengo que hacer o ser de una determinada manera». Con esta creencia instalada, es posible que tienda a mantenerme en mi zona de confort y no persiga mis sueños, por miedo a ser rechazado.

Aunque no nos demos cuenta, desde pequeños nos empapamos de toda la información de nuestro entorno. Creemos que «las cosas son así» y las fijamos como ciertas. En realidad, este mecanismo nos ha ayudado a evolucionar a través de los tiempos. Hemos aprendido que «tocar el fuego quema». No obstante, no todas las afirmaciones que hemos dado como válidas son ciertas, ya que muchas de ellas simplemente son prejuicios o ideas preconcebidas.

Seguro que alguna vez te ha pasado. Decides hacer algo y, cuando te dispones a pasar a la acción, te asaltan un sinfín de dudas. Así que acabas por abandonar y pensar que no es el momento. ¿Te suena?

Pues bien, ¡tengo una buena noticia! Esos frenos o barreras son, en realidad, resistencias internas. Por lo tanto, si eres consciente de ellas te será más fácil vencerlas. Reinhold Niebuhr decía: «Señor, concédeme la serenidad para aceptar las cosas que no puedo cambiar, valor para cambiar aquellas que puedo y sabiduría para reconocer la diferencia». Así que vamos a empezar por reconocer aquello que te frena.

LAS CREENCIAS IRRACIONALES DE ALBERT ELLIS

Uno de los psicoterapeutas más importantes de la historia, Albert Ellis, padre de la Terapia Racional Emotiva Conductual (TREC), es conocido por revelar la irracionalidad del pensamiento humano. Ellis quiere mostrar que no son las circunstancias o situaciones las que nos causan el malestar emocional, sino que son nuestras creencias y pensamientos sobre los hechos los que nos generan sufrimiento. Por esta razón, planteó 11 creencias irracionales que las personas albergamos, aunque no se sustenten en la lógica ni en la realidad.

1.ª Creencia irracional: Es necesario ser aprobado por todos

Mucha gente cree que es necesario gustarle a todo el mundo. Esa necesidad, aparte de que es una meta imposible, genera un gasto de energía enorme. Porque si tratas de agradar a toda costa, en realidad, te abandonas a ti. Está bien recibir amor, pero si alguna vez no lo recibes, ¡no pasa nada! Eres un ser valioso y único por lo que eres.

2.ª Creencia irracional: Debes ser competente, suficiente y capaz de lograr cualquier cosa

¿De verdad crees que puedes ser competente en TODOS los aspectos de tu vida? Forzarte más allá de tus límites tiene serias repercusiones para tu salud física y emocional. Está bien perseguir el éxito, pero si te preocupa en exceso y es tu único objetivo, quizá sea el momento de replantearte si esa meta es tan importante y a qué precio. Buscar desmesuradamente el éxito hace que nos comparemos constantemente con los demás. El problema es que no nos fijamos en la totalidad del otro, sino tan solo en lo «bueno». Así que, si quieres compararte, ¡hazlo solo contigo mismo! Como decía Carl Rogers: «Siéntete más feliz simplemente por ser tú mismo y deja que los otros sean ellos mismos».

3.ª Creencia irracional: Cierta clase de gente es malvada y debe ser castigada por su maldad

Muchas veces actuamos sin la intención de hacer daño. Es verdad que también a veces hay mala intención, pero en la mayoría de casos se trata de personas ignorantes o que tienen algún trastorno. Pero no te preocupes: cada cual es responsable de sus actos. Si te culpabilizas en exceso o lo haces con los demás, vas a ser el primer perjudicado, así que te animo a elegir vivir y no hacerte daño.

4.ª Creencia irracional: Es catastrófico que las cosas no vayan por el camino que uno quiere

Pensar en el caos solo te genera frustración. Quizá sea un fastidio lo que estás viviendo, pero trata de verlo desde un lado más amable. Muchas veces creemos que tenemos el control de las cosas, pero eso ¡tan solo es una ilusión! La magia de la vida es que estamos en cambio constante. Si algo sale mal, ¡qué le vamos a hacer! A la próxima puede salir mejor si intento aprender de los errores, que están en la mente y no en la vida, y lo hago con compasión.

5.ª Creencia irracional: Hemos venido al mundo a sufrir

Es inevitable que sucedan cosas que nos producen dolor, sin embargo, ese dolor puede transformarse. Las situaciones adversas están ahí para todos, pero tenemos la libertad de elegir cómo reaccionamos ante ellas. Recuerda que cada día es un nuevo comienzo y cada instante te brinda la oportunidad de escoger tu actitud en la vida.

6.ª Creencia irracional: Hay muchas cosas por las que preocuparse

«Pre-ocuparse» significa 'ocuparse antes de tiempo' y, aunque nos preocupemos de que algo suceda, no podremos evitar que ocurra. ¡Al contrario! Muchas veces ese foco contribuye a que ocurra. En psicología se llama «profecía de autocumplimiento». Lo que tenga que pasar, pasará, así que trata de disfrutar de la experiencia, porque en esta vida ¡solo se vive una vez!

7.ª Creencia irracional: Es más fácil evitar que afrontar ciertas responsabilidades y dificultades

Es normal que nos sintamos tentados a evadir determinadas actividades o situaciones. Sin embargo, si hay que afrontarlas, ¿para qué esperar? Tener tareas pendientes nos consume la energía y, además, nos resta confianza en nosotros mismos. Si no quieres hacer algo, decide no hacerlo y quítalo de tus pendientes. Pero si tienes que hacerlo, ¡adelante! En caso necesario, siempre puedes pedir ayuda. Evitar ciertas situaciones o problemas, por lo general, solo sirve para agrandarlos.

8.ª Creencia irracional: Depender es natural; se necesita a alguien más fuerte en quien confiar

Estar pendiente de los demás nos aleja de ser nosotros mismos. Cuanto más dependemos, menos genuinos somos y menos aprendemos. Aceptar la ayuda de otros es maravilloso, pero también es fabuloso apoyarte en ti y tomar tus propias decisiones.

9.ª Creencia irracional: El pasado te ha hecho como eres y, si algo dolió, debe seguir haciéndolo

Cada instante, cada minuto, cada segundo de tu existencia puedes decidir cómo quieres que sea tu presente. Vivir anclado en las experiencias del pasado solo hace que te pierdas el ahora. La vida es constante cambio y en cada momento tenemos la oportunidad de cambiar con ella. Por lo tanto, aquellas soluciones que te sirvieron para afrontar determinadas situaciones no tienen por qué serte útiles ahora. Al contrario, cada instante es idóneo para aprender, así que te animo a fluir con la vida. ¿Quién dijo que no se puede?

10.ª Creencia irracional: Hay que preocuparse por los problemas de los demás

Hacernos cargo de los problemas ajenos, en cierta manera, invalida que la otra persona se desenvuelva por sí misma. Está bien ayudar a alguien, pero hay que hacerlo de forma respetuosa, involucrándonos hasta el punto de que la otra persona lo permita, y sin robarnos nada a nosotros mismos. En ocasiones, poner mucha energía en solucionar las situaciones de los demás es un pretexto para no encarar nuestra propia vida. Al obsesionarnos con cambiar al prójimo, derrochamos un sinfín de energía. Por lo tanto, trata de buscar maneras adecuadas de acompañar sin invadir, pero, sobre todo ¡que no te vaya la vida en ello!

11.ª Creencia irracional: Buscar la perfección en cada situación

Decía Ellis que no existe la seguridad, ni la perfección, ni la verdad absoluta en el mundo. La búsqueda de seguridad solo te genera ansiedad y falsas expectativas. El perfeccionismo está muy ligado a la autoexigencia, así que te animo a tratarte de una forma más amable. No existen las soluciones perfectas, sino formas viables de solucionar las cosas. Si tú no te tratas bien, ¿quién lo va a hacer?

Marca con una X las creencias irracionales de Albert Ellis que crees que están afectando a tu vida	
Es necesario ser aprobado por todos	
Debes ser competente, suficiente y capaz de lograr cualquier cosa	
Cierta clase de gente es malvada y debe ser castigada por su maldad	
Es catastrófico que las cosas no vayan por el camino que uno quiere	
Hemos venido al mundo a sufrir	
Hay muchas cosas por las que preocuparse	
Es más fácil evitar que afrontar ciertas responsabilidades y dificultades	
Depender es natural; se necesita a alguien más fuerte en quien confiar	
El pasado te ha hecho como eres y, si algo dolió, debe seguir haciéndolo	
Hay que preocuparse por los problemas de los demás	
Buscar la perfección en cada situación	

Como ves, estas 11 creencias recogen parte del pensamiento irracional que muchos de nosotros albergamos, sin saber exactamente por qué. No obstante, además de las 11 creencias irracionales que acabamos de ver, existen tantas otras como personas en el mundo. Así que vamos a ver cuáles tienes tú.

¡A LA CAZA DE TUS CREENCIAS LIMITANTES!

Para poder cambiar aquello que te limita, es necesario que primero sepas qué es. A veces es fácil encontrarlo, simplemente observando las trabas con las que nos encontramos ante determinadas situaciones. Pero, otras veces, nos topamos con creencias tan profundas y arraigadas que ni nosotros mismos somos capaces de identificarlas. Si yo sufro porque «mi pareja o mis hijos no me aman como deberían», aparentemente tendrían que cambiar para que yo estuviera satisfecha. Sin embargo, es posible que ese sufrimiento provenga de alguna creencia profunda que no he identificado. Pues bien, te propongo el siguiente ejercicio para cazar esas ideas y pensamientos tan arraigados que están entorpeciendo tu vida:

1. Trata de localizar todas aquellas situaciones que te hacen sufrir y anota cómo te sientes.

2. A continuación, lee las siguientes preguntas y escribe todas las creencias limitantes o pensamientos negativos que sientas acerca de cada cuestión. Trata de dar cuantas más respuestas mejor y empieza las frases con: «Lo que creo es…». Permite que tus respuestas fluyan sin juzgarlas. Da igual si la respuesta es tuya, o si te suena a un antiguo profesor, amigos, padre o madre. Simplemente, escribe lo primero que te venga a la mente.
   * ¿Quién soy?

* ¿Qué opino acerca de mí mismo?
* ¿Qué pienso acerca de mi salud?
* ¿Qué creo acerca de mi sexualidad?
* ¿Qué pienso acerca de mi trabajo?
* ¿Qué opino sobre mi don?
* ¿Qué creo acerca de mis limitaciones?
* ¿Qué opino acerca de mi situación económica?
* ¿Qué pienso respecto a mis relaciones?
* ¿Qué creo sobre mi vida?

3. Marca en otro color aquellos pensamientos negativos o creencias que crees que están afectando a tu vida.

No creas todo lo que piensas. ¡Desafíate!

Ahora que ya eres consciente de tus creencias limitantes, es el momento de cambiarlas. Te propongo que cojas tu lista, te remitas al capítulo 6 y sigas los pasos para cambiar tus creencias. Además, te invito también a que realices este maravilloso ejercicio que Byron Katie utiliza en su método «The work» para desmontar el pensamiento negativo. Se trata de identificar cada creencia y contestar a estas cuatro sencillas preguntas y realizar una inversión. ¿Preparado?

- ¿Es eso verdad?
- ¿Tienes la absoluta certeza de que eso es verdad?
- ¿Cómo reaccionas, qué sucede, cuando crees en este pensamiento?
- ¿Quién serías sin ese pensamiento?

Ahora es el turno de la INVERSIÓN: trata de invertir de dos maneras distintas esa creencia y experimenta lo opuesto a lo que creías. Por ejemplo, vamos a hacer la inversión con la creencia: «Necesito la aprobación de todos».

- En primer lugar, haz una **inversión hacia lo opuesto**. Te dirás: «No necesito aprobación de nadie». Relájate y deja que vengan imágenes a tu mente con esta nueva frase. ¿Cómo te sientes así?
- Por último, realiza la **inversión hacia ti mismo**. Continuando con el ejemplo anterior, te dirás: «Necesito mi aprobación». De nuevo, déjate sentir cuando pronuncias estas palabras.

Afirma la autora que «cuando hacía caso de sus pensamientos estresantes, sufría, pero cuando les preguntaba, dejaba de sufrir». Así que pregúntate por todas las creencias que identifiques y podrás desactivarlas.

MEDITACIÓN PARA ELIMINAR CREENCIAS LIMITANTES

1. Busca un lugar tranquilo y escoge una postura cómoda.
2. Ahora realiza tres inspiraciones profundas. Inspira por la nariz y siente cómo tu vientre se llena lenta y profundamente de aire. A continuación, exhala lentamente por la boca y siente cómo tu cuerpo se va relajando.

3. Deja ir cualquier tipo de pensamiento y nota tu presencia en el aquí y el ahora, en toda la quietud de tu ser.
4. Siente cómo respira tu cuerpo al completo. Concéntrate profundamente en esa intención.
5. Centra tu atención en todas las partes de tu cuerpo y, a medida que les vas poniendo atención, se van relajando: pies, piernas, caderas, columna vertebral, torso, cuello, cara, cabeza…
6. Concéntrate en el peso de tu cuerpo y siente el espacio que lo rodea.
7. Siente cómo poco a poco ese peso se diluye. Como si pasara de ser sólido a ser energía.
8. Ahora que estás en ese estado, te invito a que encuentres un pensamiento limitante que obstaculiza tu vida.
9. Visualiza esa creencia tan arraigada a través de unas largas raíces. En realidad, está ahí para mantenerte a salvo, así que dale las gracias por protegerte y dile que ya no la necesitas.
10. Es el momento de ser quien realmente quieres, así que siente cómo esas raíces poco a poco se van desprendiendo y vas entregando ese pensamiento al universo.
11. Tómate el tiempo necesario para visualizarlo.
12. Ahora que estás limpio de ese pensamiento, decide la nueva creencia que quieres instaurar. Ese pensamiento que te impulsa, que te alienta, que te ayuda.
13. Cuando ya lo tengas, imagínatelo encima de ti como una frase luminosa que se desintegra en una hermosa lluvia de luz. Nota cómo esas gotas brillantes impregnan todo tu ser. Estás totalmente bañado por la luz de esos pensamientos que te alientan.
14. Agradécete la voluntad de cambiar, de hacerte la vida más fácil, de aprender y permitirte ser feliz.

10

CODICIARÁS TU ALEGRÍA DE VIVIR

~~NO CODICIARÁS LOS BIENES AJENOS~~

«Cuando la mente es pura, la alegría nos sigue como una sombra que nunca se va».

BUDA

Hace tiempo conocí a Mario, un artista que pasó varios años lidiando con una larga enfermedad: intervenciones, tratamientos… Eso hizo que, en varias ocasiones, se retirara de la escena musical. Pero, un buen día, llegó el peor de los pronósticos o, quizás el mejor…, *tenía los días contados.*

¡No había tiempo que perder! Así que, ilusionado como un niño, reunió a sus músicos y les dijo: ¡Chicos, tenemos fecha de caducidad! ¡Hay que hacer el mejor de los discos!

Mario se puso a componer y grabó su último trabajo discográfico. «¡Va a ser un bombazo!», repetía desde la cama del hospital. A cada rato, bromeaba con su muerte con un sentido del humor sin igual. Saber que se moría le hizo valorar cada momento de su vida, porque, por fin, había entendido que su única riqueza eran los instantes vividos.

Ante una circunstancia tan adversa como la muerte, Mario codició su alegría de vivir.

El cuento del rey y la alegría

Se cuenta que un rey muy poderoso estaba a punto de morir sin conocer la alegría. Como tenía muchas riquezas, mandó a su criado para que se la trajera.

El criado obedeció las órdenes de su amo y salió al mercado dispuesto a comprar la alegría. Pero, después de recorrer todos los puestos, se dio cuenta de que nadie la vendía.

El sirviente volvió al castillo cabizbajo, pues no había podido servir a su rey.

—Mi señor, en el pueblo nadie conoce ni vende la alegría.

—¡No puede ser! —dijo el rey—. Me queda poco tiempo y no quiero morir sin conocerla. Mandaré a mis soldados para que la busquen y la traigan antes del amanecer.

Los soldados cabalgaron largas horas hasta que se puso el sol. Preguntaron en otros reinos, pero ni rastro de la alegría. Cuando ya estaban de regreso, encontraron a una joven que cantaba feliz en medio del bosque. Uno de los soldados se dirigió a ella:

—¡Oíd! Nuestro rey nos manda a comprar la alegría. ¿Sabéis dónde podemos hallarla?

La joven, con un brillo en los ojos y una sonrisa que nacía de su corazón, les dijo:

—Si queréis, yo os la puedo proporcionar.

El soldado la miró desconfiado, pero como no les quedaba tiempo, optó por llevar a la joven a palacio.

—Su Majestad, hemos encontrado a una joven que vende la alegría.

La joven miró al anciano rey con ternura y le dijo:

—Mi señor, mi alegría no se vende. Tomadla como un presente.

El rey, muy desconfiado, mirando a la joven, le dijo:

—Me han dicho que la alegría es algo grande y vos venís con las manos vacías.

La joven sonrió, mientras abría su puño cerrado, y extendiendo su mano hacia el rey le dijo:

—Aquí tenéis, mi señor: la semilla del amor, la semilla de la gratitud, la semilla de la solidaridad y la semilla de la conciencia plena. Cultivadlas y regadlas cada día y, por fin, conoceréis la alegría.

El rey, muy ansioso, mandó a su criado plantar y regar cada día las semillas en los jardines del castillo. Pasaron varios días, semanas y meses, pero no lograron que de la tierra brotara la alegría. El rey, muy triste, volvió a llamar a su soldado y le ordenó que trajera a la joven de vuelta. Así que, a la mañana siguiente, la joven entró de nuevo en la fortaleza. El rey, muy angustiado, la llevó hasta la tierra donde tenía plantadas las semillas.

—Han pasado ya tres meses. Planté las semillas, como me dijisteis, pero no ha brotado ni un tallo de alegría.

La joven miró al monarca y dulcemente le dijo:

—No es en la tierra, mi señor, pues las semillas que os he brindado las debéis cultivar en vuestro interior. Si sembráis amor, recogeréis el fruto de la transformación; si cosecháis la gratitud, sentiréis que cada gota de lluvia o cada rayo de sol son una bendición; si cultiváis la solidaridad, veréis multiplicado a cada instante vuestro corazón, y si regáis la conciencia plena, viviréis cada segundo de vuestra vida como un don. Y, con todo ello, brotará en vos esa flor de la alegría en lo más profundo de vuestro ser.

Y fue así como, a partir de aquel día, el anciano rey dejó de buscar fuera lo que toda la vida había llevado consigo. Se cuenta que todos los súbditos se contagiaron de su alegría y vivieron apoyándose los unos a los otros, felices para siempre.

EL JARDÍN DE TU ALEGRÍA

Dice Jack Kornfield en su obra *La sabiduría del corazón* que podemos alegrarnos por las personas que amamos, por los momentos de bondad, por la luz del sol y los árboles, y por cada bocanada de aire que entra en nuestros pulmones. Como un niño inocente, podemos regocijarnos por la misma vida, por estar vivos.

La alegría es como una lámpara que da luz a nuestro corazón. Es un estado de ánimo que nos permite ser felices. Sentirla no depende de las circunstancias de la vida, porque... ¿hay algo más increíble que conectar con el regocijo del milagro de estar vivos? Así que no dejes pasar ni un instante más de tu vida sin cultivar ese jardín. Ponte manos a la obra y planta desde ya las semillas de la alegría en el tiesto de tu alma:

- **Dos simientes de amor.** Debes mover la tierra hasta que consigas amarte a ti mismo de una forma íntegra, para que puedas amar sin condiciones. Quererte es el principio de todo, de cada uno de los resultados que quieres ver en la vida. Significa optar por sentirte a gusto en tu propia compañía y cuidarte como mereces, de la misma manera que tratarías a alguien que verdaderamente amas. ¿No crees que ha llegado el momento de sentir que lo mereces? La vida es muy corta para no incluirte en ella, así que trata de mirarte con ojos amables y dejar de banda ese autocastigo. Es hora de aprobarte, de disfrutar, de que te escuches, de mirarte con cariño, de aceptarte y concederte cada una de tus necesidades. Déjame recordarte que *eres el amor de tu vida* y, solo cuando sientas eso, podrás brindarlo a manos llenas, porque el respeto hacia los demás empieza por uno mismo. De esta manera, podrás aceptar a cada persona como es y decidir, desde la libertad, si alguien te multiplica o te divide. Cada persona tiene su proceso de crecimiento; si respetas el del otro y te centras en el tuyo, serás capaz de discernir si algo te conviene. Recuerda: *nada ni nadie es lo bastante bueno para quien no se ama a sí mismo.*

- **Varias pepitas de gratitud.** Esparce estas semillas por todo tu jardín, ya que cuando la gratitud crece se transforma en alegría. El agradecimiento es una gran virtud para quien la siente. Si logras experimentar la sensación de tener la fortuna de estar vivo, de apreciar cada gramo de naturaleza como un milagro... ¡todo lo demás es un regalo! Sentirse agradecido no entiende de motivos. Hay un proverbio nigeriano que dice: «Da gracias por poco y obtendrás mucho». Y es que cualquier momento de nuestra vida encierra motivos para sentirse agradecido. John F. DeMartini, en su libro *El efecto de la gratitud,* dice acerca de esta virtud que «surge solo cuando realmente despertamos al orden oculto y al perfecto equilibrio que hay en nuestras vidas y en todo el universo, cuando nos damos cuenta de que el apoyo y el reto y todos los opuestos complementarios tienen lugar al mismo tiempo». Estar agradecido es una cuestión de actitud ante la vida. Es tomar la decisión de encontrar en cada mota una razón por la que sentirte bendecido. Y es que cuando lo logras... ¡se produce la magia! Porque solo sientes la necesidad de *dar las gracias por la pura alegría de existir.*

- **Un esqueje de compasión.** Si logras mirarte de una forma amable, lograrás sanar esas heridas que aún siguen abiertas. La compasión te permite dejar de castigar(te) y juzgar(te), porque si cambias la mirada hacia ti mismo, tu forma de ver el mundo también cambiará. Me gusta pensar que la palabra «compasión» dice algo así como: «*Con pasión* (me) te acompaño con el deseo de aliviar (mi) tu sufrimiento». No obstante, para ver que otro sufre, tienes primero que haber atravesado tu propio dolor porque, de lo contrario, no podrás ser consciente del ajeno. Alan Wallace, un destacado maestro occidental de budismo tibetano, lo expresa así: «Imagínate que vas caminando por la calle cargado con tus bolsas de la compra y alguien choca contigo bruscamente, de modo que te caes y tu compra queda toda desperdigada por el suelo. Al levantarte entre el amasijo de huevos rotos y zumo de tomate, estás a punto de gritar «¡Imbécil! ¿Qué te pasa? ¿Estás ciego o qué?». Pero justo cuando vas a decirlo, ves que la persona que ha chocado contigo es ciega. Él también está tendido entre la comida desparramada, tu furia se desvanece en un instante y, en vez de ella, le muestras amablemente tu preocupación: «¿Te has hecho daño? ¿Puedo ayudarte?». Nuestra situación es así. Cuando nos damos cuenta claramente de que el origen de nuestro desequilibrio y sufrimiento en el mundo es la ignorancia, podemos abrir la puerta a la sabiduría y a la compasión.

- **Un abono de conciencia plena.** Abona todo tu campo desconectando el piloto automático. Nuestra vida va tan deprisa que no nos paramos a saborearla, sin embargo, *la vida es eso que sucede mientras estás ocupado haciendo otros planes*, como bien decía John Lennon. Date cuenta de que el único momento que existe es ¡ESTE! y, si sigues leyendo, sé consciente de que el que te acabo de nombrar ya ha dejado de existir, que ya forma parte del pasado… y ahora, solo ocurre ¡ESTE! y, de nuevo… ¡OTRO! Y así sucesivamente… porque la vida va ocurriendo de forma automática si no prestamos atención a cada instante.

  Dime una cosa: de los recuerdos importantes que tienes de tu vida, ¿qué es lo que crees que los hace significativos? Me atrevería a decirte que lo que los hace memorables es la atención plena que prestaste. Estoy segura de que recuerdas las sensaciones de algún viaje soñado, el nacimiento de tus hijos, las risas con ese amigo o amiga, ese concierto esperado, algún logro importante… Es como si nuestro cerebro se preparara para pulsar REC ante determinados acontecimientos. Como si de algún modo, dijeras: «¡Eh! Esto sí que es importante. ¡Voy a vivirlo!». No obstante, tienes la capacidad de hacer lo mismo con la totalidad de tu vida; entonces, ¿por qué no vivir cada soplo de tu tiempo como algo sublime e irrepetible? La verdadera alegría se encuentra en esa dicha, en el saberse vivo y pleno en cada lapso de tiempo. Tolstoi decía: «Mi felicidad consiste en que sé apreciar lo que tengo y no deseo con exceso lo que no tengo», así que te invito a que medites por unos instantes acerca de este concepto. Trata de tomar consciencia de tus sentidos, que, en definitiva, son los que te conectan con el presente: date cuenta de tu respiración, los colores que ves, los aromas que percibes, los sonidos que te llegan, las impresiones corporales, etc. El quid de la cuestión reside en desacelerar la vida y deleitarse con cada instante porque, al fin y al cabo, *la vida está hecha de pequeños momentos y tú eres quien decide hacerlos grandes.*

SI NO SABES QUÉ PONERTE, ¡PONTE ALEGRE!

Vivir la vida con alegría es una decisión, una como tantas otras que tomas cada día. Si tuvieras una entrevista de trabajo, estoy segura de que no irías vestido de cualquier manera. Puede ser que el día anterior te pasaras un buen rato enfrente del espejo para decidir qué ponerte. La alegría viene a ser lo mismo; es como ese traje pero te arropa por dentro. Así que párate y decide. Ponte enfrente de ese armario interior y elige esa vestimenta que te haga sentir alegre. Aquí te dejo varias mudas:

- **Escoge cada día vivir con alegría.** Cuando te levantes, decide empezar tu día sintiéndote dichoso. ¡No importan las circunstancias de la vida, sino la manera como tú las afrontas! Es cierto que estamos acostumbrados a enfocarnos en lo negativo, porque cuando éramos niños nuestra educación solía reforzar lo que se nos daba mal, en vez de enfocarse en nuestros talentos. Sin embargo, ¡ese tiempo ya pasó! Ahora eres dueño de tu vida y tienes la libertad de entrenar esa habilidad que te permitirá vivir cada instante con entusiasmo. Si escoges estar alegre, tendrás muchos más motivos por los que sonreír. ¡Haz la prueba!

- **Lleva un registro de la gratitud.** Te animo a que cada noche anotes en un diario todo aquello por lo que te sientes agradecido. Antes decíamos que la alegría y la gratitud van de la mano. Y es que si tienes motivos por los que dar las gracias, tendrás motivos por los que sentirte bien. Estar agradecido es una forma de reeducar nuestra mente y enfocarla en lo bueno de la vida. Aunque a veces no te lo parezca, podemos agradecer lo más pequeño. El *simple* hecho de respirar ya es motivo de alegría.

- **Incluye cada día algo que te haga feliz.** La vida está llena de pequeños fragmentos, así que trata de que cada uno de ellos esté lleno de ilusión. Cada día puedes incluir algo que te motive: un café con ese amigo, un paseo por el bosque o ese pequeño paso que te acerca a tu sueño… ¿Qué es lo que te motiva? Recuerda que la alegría no es un horizonte, sino la gasolina que te permite sentirte vivo.

- **Rodéate de la gente a quien quieres.** Somos seres sociales por naturaleza, así es que ¿hay algo mejor que compartir la risa? Júntate con gente que te sume, que te aporte y sobre todo con quien puedas sonreír. A menudo, los amigos y la familia son la mejor de las medicinas.

- **Sé un embajador de la alegría.** Se dice que el batir de las alas de una mariposa puede crear un huracán en otra parte del mundo, una teoría conocida como «el efecto mariposa». Y es que todos nosotros tenemos la capacidad de influir en nuestro entorno con pequeños gestos. Puedes hacer la prueba con las personas más cercanas. Elige cada día dar un poquito de ti y observa cómo el batir de tus alas invisibles provoca efectos positivos. ¿Te imaginas que el mundo se contagie de tu alegría?

- **Ralentiza las prisas.** Hay un lema del desierto del norte de África que dice: «La prisa mata» y, sin duda, así es. La prisa es una de las mayores enfermedades de nuestra sociedad occidental. Vivimos de forma acelerada, pasando de una cosa a la siguiente, sin prestar demasiada atención a lo que estamos viviendo. Es importante que aprendamos a planificar, a delegar y, por qué no, a saber dejar las cosas para mañana. La única tarea urgente es aprender a vivir la vida, ya que cada momento que pasa es algo que nunca más se repetirá.

- **Mueve tu cuerpo.** Elige un deporte que te guste o, simplemente, sal a caminar. El cuerpo humano está diseñado para estar en movimiento, así que resérvate un ratito cada día para moverlo y despejar tu mente. El ejercicio moderado favorece que fluya tu energía y, además, te ayuda a liberar todas esas hormonas que te aportan felicidad.

- **Al mal tiempo, buena cara.** Escoge tomarte la vida con más sentido del humor. Ser responsable no está reñido con ser alegre y flexible. Si buscas el lado divertido y cómico de las situaciones, te darás cuenta de que siempre hay motivos para sonreír, porque recuerda que *la risa es el lenguaje del alma.*

- **Elige ser solidario.** El Premio Nobel de la Paz Martin Luther King dijo alguna vez: «Si no puedes hacer grandes cosas, puedes hacer pequeñas cosas de una gran manera». Cada gota de agua y cada granito de arena al final forman una preciosa playa. Cada día puedes decidir tener un gesto de amor en beneficio de los demás: preservar nuestro planeta, ayudar a las personas más desfavorecidas o, incluso, ayudar a las personas que tenemos al lado. Hacer algo por los demás es hacerlo, a su vez, por ti mismo, porque aunque no lo creas... todos estamos conectados por lazos invisibles, ya que el mundo y tú, o tú y yo, somos en realidad lo mismo.

La vida es maravillosa y la alegría son tus alas para vivirla. Espero que el recorrido por este libro te sirva para volar a pesar de los vientos. Deseo de corazón que te libres de cualquier mandato y que ¡te ames sobre todas las cosas! Así que hazte un favor: *quiérete con todo tu ser y que tengas una vida terrenal ¡divina!*

AGRADECIMIENTOS

Muchas gracias a ti, lector o lectora, que sostienes este libro entre tus manos. Espero de corazón que esta lectura te ayude a amarte más y a tener una preciosa vida.

Gracias a mi maravilloso compañero de viaje, Toni Mateos. Compartir mi vida contigo es de lo mejor que me ha pasado nunca. Gracias por la infinita paciencia en este proceso y por creer tanto en mí. Te amo.

Gracias por escogerme como madre, Leo. Eres mi fuente de aprendizaje y mi motivación para crecer. Te quiero, mi amor.

Gracias a mis padres, por darme la vida y por apoyarme siempre. También a mi familia, a mi hermano, a Manuela y a Toni Jr. Os quiero infinito.

Gracias a mis amigos y amigas del alma. Por estar siempre ahí, por las charlas trascendentales, por las risas, las rancheras, las lágrimas y lo que haga falta. Sois mi tesoro.

Muchas gracias, de corazón, a las personas que leísteis atentamente mis esbozos.

Gracias a las pacientes y clientes que me han inspirado en los ejemplos que contiene el libro. Gracias por escogerme para acompañaros en vuestro camino.

Gracias a René Creus, por su creatividad, acompañamiento y por esa música maravillosa que acompaña a las meditaciones en cada capítulo. *Gràcies, amic.*

Gracias a mi querida Ruth Lorenzo, por la serendipia. Por aquel cumpleaños que lo cambió todo.

Gracias a mi amigo Jordi Campoy, por compartir su experiencia conmigo, por tenderme la mano y por sus consejos al otro lado del teléfono.

Gracias al maestro Francesc Miralles, por su escucha, su bondad, sus sabios consejos, por enfocarme y por formar parte de este libro. Gracias de corazón.

Muchas gracias a mi agente, Sandra Bruna, y a todo el equipo, por su profesionalidad, cariño y acompañamiento.

Gracias a mi querida editora, Esther Sanz, por la confianza, por creer en mí desde la primera palabra y por todo el camino que nos queda por andar. Gracias infinitas.

Gracias a todo el equipo de Ediciones Urano, por hacerme creer que existe la magia. Un día eres lectora empedernida de sus publicaciones… y al otro formas parte de ellas. Infinitas gracias.

Y, cómo no, gracias a la vida que tanto me da.